Strong's Code Dictionary of
Hebrew

스트롱코드
히브리어 사전

Strong's Code
Dictionary of
Hebrew

개역개정4판
히/한/영/스트롱코드/빈도수

님께

년 월 일

드림

ONO

스트롱코드
히브리어사전

Strong's Code Dictionary of Hebrew

개역개정4판
히/한/영/스트롱코드/빈도수

오NO

Strong's Code
Dictionary of
Hebrew

일러두기

1. 본 히브리어사전은 Strong's Exhaustive Concordance of the Bible을 주 참고서로 하여 Gesenius' Hebrew Chaldee Lexicon을 요약 번역하였으며, Francis Brown, S. R. Driver and Briggs, C. A.의 Hebrew and English Lexicon of the Old Testament(B.D.B)의 내용을 첨가 보충하였다.
2. 본 서에 나오는 모든 단어는 히브리어(아람어) 알파벳순으로 배열하였다.
3. 본 서에 나오는 모든 단어에는 Strong's Exhaustive Concordance of the Bible의 코드와 일치하는 번호를 표기하였으므로 히브리어를 모르더라도 본문 표제어의 의미와 히브리어 원문 성경에 나오는 모든 성구에 대한 히브리어 원어의 의미를 찾아볼 수 있게 하였다.
4. 내용 구성은 히브리(아람) 원어와 음독을 먼저 기재하고 품사를 제시하되, 명사인 경우에는 단어의 유래를, 동사의 경우에는 특수변화를 밝혀두었다. 다음으로 단어의 의미와 대표적인 성구 및 단어용례를 부기하고, 한글개역개정성경의 번역을 ☞표와 함께 기재하였다.
5. 히브리어 문자표에 의거해서 로마자 표기를 하고, 한글로 음독을 기재함으로써 초보자라도 정확한 발음을 구사하는데 도움을 주었다.
6. 어의는 가능한 한 다양한 의미를 연결하되 그 용례를 [ ]로 묶어서 제시하고, 해당되는 성경 구절을 선별하여 게재하였다.
7. 품사는 고유명사(고명), 명사(명), 동사(동), 부사(부), 대명사(대), 형용사(형), 접속사(접), 수사(수), 전치사(전), 감탄사(감)로 구분하였으며 관용어나 품사로 구분되지 않는 것은 '불변사'로 구분하였다.
   동사의 경우 변화형과 인칭어미 활용 예를 보여주었다. 특히 동사의 변화형에 따라 뜻이 달라지는 경우 그 뜻을 밝히고 성경에서 쓰인 예를 밝혔다.
   단어의 어원을 추적하여 기본어, 유사어, 활용형을 분류하였고, 유래된 어원의 코드번호를 제시하여 원뜻을 이해하는데 도움을 주었다.
8. 우리말 음역은 가능한 원어 발음에 근접한 발음을 위해 특별한 원칙을 세웠다.
   1) א과 ע(로마자 ' 와 ')은 모두 "ㅇ"로 표기했으며, 단 어미에 놓인 경우에만 묵음으로 하였다.
   2) כ와 ק(로마자 k와 q)는 음가는 다르나 한글 발음상 'ㅋ'로 표기했다.
   3) ח와 ה(로마자 ch와 h)는 모두 'ㅎ'으로 표기했으며, 어미에 놓인 때 ה 는 묵음으로 ח는 'ㅎ'로 표기했다. 단 ה에 활점이 있는 경우에도 '흐'로 표기했다.
   4) שׁ와 שׂ 그리고 ס은 서로 구별하여 발음하였는데 שׁ는 'ㅅ'로 שׂ는 사잇소리 'ㅅ'으로, 그리고 ס은 'ㅆ'으로 표기했다.
   5) ל와 ר도 서로 구분하여 발음하였는데, ל는 이중발음 'ㄹㄹ'로 ר는 'ㄹ'로 표기하였고, ל가 어미에 놓인 때는 'ㄹ'을 받침으로, ר는 '르'로 발음하였다.
   6) 중강점이 찍힌 문자는 이중발음하였다.(예. עִמָּנוּאֵל 이마누엘→임마누엘)
   7) 자음이 같은 둘 이상의 단어가 나올 때는 장모음과 단모음 순으로 배열하였다.

차 례

히브리어 문자표

문자(어미형)			상형의 뜻	명칭		로마자 표기	한글 표기	숫자
א		אלף	황소	알레프	'Alêph	'	ㅇ	1/1000
ב		בית	집	베트	Bêyth	b(bh)	ㅂ	2
ג		גמל	낙타	기멜	Gîymel	g(gh)	ㄱ	3
ד		דלת	문	달레트	Dâleth	d(dh)	ㄷ	4
ה		הא	숨구멍	헤	Hê'	h	ㅎ	5
ו		וו	갈고리	바브	Vâv	w(v)	우, ㅂ	6
ז		זין	무기	자인	Zayin	z	ㅈ	7
ח		חית	울타리	헤트	Chêyth	ch	ㅎ	8
ט		טית	뱀	테트	Têyth	ṭ	ㅌ	9
י		יוד	손	요드	Iôwd	y	이, ㅇ	10
כ	ך	כף	굽은손	카프	kaph	k(kh)	ㅋ	20
ל		למד	막대기	라메드	Lamed	l	ㄹ	30
מ	ם	מים	물	멤	Mêm	m	ㅁ	40
נ	ן	נון	물고기	눈	Nûwn	n	ㄴ	50
ס		סמך	지주,기둥	싸메크	Çâmek	ş	ㅆ	60
ע		עין	눈	아인	'Ayin	'	ㅇ	70
פ	ף	פא	입	페	Phê	p(ph)	ㅍ	80
צ	ץ	צדי	낚시바늘	차데	Tsâdêy	ts	ㅊ	90
ק		קוף	바늘귀	코프	Qôwph	k	ㅋ	100
ר		ריש	머리	레쉬	Rêysh	r	ㄹ	200
שׂ		שׂין	윗니	신	Sîn	s	ㅅ	300
שׁ		שׁין	아랫니	쉰	Shîn	sh	쉬	300
ת		תו	십자가	타브	Thâv	t(th)	ㅌ	400

히브리어 아람어 사전 활용법

119. אָדַם ['âdam]10회 **아담**

원형 얼굴이 붉어지다, 혈색이 좋아지다 [애4:7에서만 한 번 칼형이 사용됨].

푸알형 분사 מְאָדָּם:

1) 붉어지다.

2) 붉게 물들다, 출25:5,35, 7:23.

히필형: 1)붉게 하다, 사1:18.

힛파엘형:

1)붉어지다.

2)거품이 생기다, 잠23:31.

☞**붉다**(애4:7, 나2:3, 잠23:31).

120. אָדָם ['âdâm]561회 **아담**

명 남 119에서 유래:

1) 사람[연계형이나 복수형은 사용되지 않으나 종종 집합 명사로 쓰이기도 함], 창1:26, 27, 시68:19, 욥20:29.

① [이스라엘 이외의 사람], 삿16:7, 시73:5.

② [어려운 조건 속에 있는 사람], 욥31:33, 호6:7.

③ 노예, 민16:32.

④ 군인, 사22:6.

2) 남자, 용사, 전7:28.

3) 어떤 사람, 레1:2.

☞**사람**(창1:26, 삼상15:29, 렘51:43, 겔36:10), **아담**(창2:19, 3:17, 4:25), **인생**(민23:19, 삼하7:14), **남**(레24:20), **인자**(시58:1), **인류**(렘32:20).

121. אָדָם ['Âdâm]10회 **아담**

고명 남 120과 동형에서 유래:

1) 첫사람의 이름, 창2:7.

2) 요단강에 있는 마을, 수3:16

☞**아담**(창2:7, 수3:16).

2170. זְמָר [zᵉmâr]4회 **제마르**

아람어 명 남 강조형 זְמָרָא, 2167과 일치하는 어원에서 유래: 악기, 기악, 단3:5,7, 10,15.

- 히브리어 단어
- 스트롱번호 – 알파벳을 몰라도 번호로 찾을 수 있도록 표기함 〈국제공통번호〉
- 원 형 – 본문 단어들의 원래의 형태
- 한글개역개정에서 번역된 낱말을 제시하여 단어의 용례를 알 수 있다.
- 고유명사와 남성의 뜻을 약어로 표기
- 아람어임을 표기함
- 한글음역
- 동사의 경우에 제시되는 동사의 변화형과 그 뜻을 제시
- 영어음역
- 단어의 품사와 119번 단어에서 유래되었음을 표기
- 구약성경 사용횟수

א

1. אָב ['âb] 1220회 아브

명 남 연계형 אֲבִי 어미활용 אָבִיךָ אָבִי, אֲבִיכֶם, 복수 אָבוֹת, 복수연계형 אֲבוֹת, 복수 어미활용 אֲבֹתַי אֲבוֹתֵיכֶם אֲבֹתָם; 아버지[페니키아—셈족 언어의 일반적 의미]:

1) 아버지, 창9:18.
2) 조상, 왕상15:11, 창10:21.
3) 아버지, 욥38: 28.
4) 양육자, 부양자[부모 같은], 욥29:16.
5) (왕의) 아버지, 창45:8.
6) 인척, 욥17:14.

☞**부(모)**(창2:24, 신27:16, 삼상22:3), **조상**(창4:20, 49:29, 민36:3, **아비**(잠17:6), **조부**(창28:13), **선조**(창46:34, 잠22:28), **(외조)부**(삿9:1), **종족**(민1:18, 3:20), **수령**(민31:26), **족장**(수14:1).

2. אַב ['ab] 9회 아브

아람어 명 남 어미활용 אֲבִי, אֲבוּךְ אֲבוּהִי, 복수 אֲבָהָן: 아버지[1과 의미가 같음], 단2:23, 스4:15, 5:12.

☞**조상**(스4:15, 5:12, 단2:23), **부친**(단5:2,11, 18), **부왕**(단5:13).

3. אֵב ['êb] 3회 에브

명 남 사용되지 않는 어원 אָבַב에서 유래: 녹색식물, 초목, 욥8:12.

☞**풀**(욥8:12), **초목**(아6:11).

4. אֵב ['êb] 5회 에브

아람어 명 남 3과 동일: 과일, 단4:9(12).

☞**열매**(단4:12,14).

5. אֲבַגְתָא ['Ăbagthâ'] 1회 아바그타

고명 중 페르시아에서 유래: 크세르크세스[아하수에로] 왕의 환관 '아박다', 에1:10.

☞**아박다**(에1:10).

6. אָבַד ['âbad] 184회 아바드

원형 미완료형 יֹאבַד, 분사 אֹבֵד:

1) 길을 잃다, 방황하다, 신26:5.
2) 재물을 잃다, 레26:38.
3) 목숨을 잃다, 민17:27(12).
4) 민족이 멸망하다, 출10:7.
5) 빼앗기다, 민16:33.
6) 낙담하다, 렘4:9.

피엘형 אִבַּד:

1) 포기하다, 전3:6.
2) 멸망케 하다, 렘23:1.
3) 파괴하다, 왕하11:1.
4) 낭비하다, 잠29:3.

☞**망하다**(출10:7, 욥4:7, 렘48:46), **죽게 되다**(민17:12, 욥31:19, 잠31:6), **멸망하다**(민21: 29, 왕하9:8, 암1:8), **멸하다**(민21:30, 렘15:7, 습2:5), **쇠잔하다**(욥30:2), **없어지다**(사29: 14, 렘48:36, 겔7:26), **죽다**(에4:16, 미4:9, 사57:1), **소멸하다**(시146:4), **끊어지다**(렘7:28, 25:10, 애3:18, 잠10:28), **도망하다**(렘25:35, 암2:14), **멸망당하다**(렘40:15, 사37:19), **파괴되다**(암3:15), **파멸하다**(신28:20, 민33:52, 렘1:10), **진멸하다**(신28:22, 에3:9, 겔25:16), **멸하다**(수23:13, 사26:14), **멸절하다**(민24:19, 미5:10), **패망하다**(잠11:10, 시92:9, 잠21:28), **잃다**(신22:3, 삼상9:20, 전3:6), **실망하다**(시9:18), **낙심하다**(렘4:9), **방랑하다**(신26:5), **진멸함을 당하다**(에7:4), **무너지게 하다**(전9:18), **멸절시키다**(레23:30, 신28:51), **끊다**(욥14:19), **잃어버리다**(렘50:6, 겔34:4,16), **무너뜨리다**(렘31:28).

7. אֲבַד ['ăbad] 7회 아바드

아람어 동 미완료 יֵאבַד: 멸망하다, 렘10:11. 아펠형 הוֹבֵד, 미완료형 יְהוֹבֵד, 부정사 הוֹבָדָה, 파괴하다, 살해하다, 단2:12,18,24.

☞**망하다**(렘10:11), **멸하다**(단2:12,24), **멸망하다**(단7:26), **죽임을 당하다**(단2:18), **상하다**(단7:11).

8. אֹבֵד ['ôbêd] 2회 오베드

명 남 6의 능동태 분사형:

1) 불행을 당한 사람.
2) 파멸, 민24:20.

☞**멸망**(민24:24, 24:20).

9. אֲבֵדָה ['ăbêdâh] 4회 아베다

명 남 6의 능동태 분사형:

1) 잃어버린 물건, 출22:9(9).
2) 음부, 잠27:20.

☞**잃은 물건**(출22:9, 레6:3, 신22:3).

10. אֲבַדֹּה ['ăbaddôh] 6회 아밧도

명 11의 잘못된 표현.

☞**아바돈, 죽음의 자리**(잠27:20).

11. אֲבַדּוֹן ['ăbaddôwn] 6회 아밧돈

א

명 남 6에서 유래한 강조형:
1) 파멸, 욥31: 12.
2) 음부, 욥26:6.
☞**멸망**(욥26:6, 28:22, 시88:11), **아바돈, 죽음의 자리**(잠15:11, 27:20).

12. אַבְדָן ['abdân][1회] 아브단
명 남 6에서 유래: 살륙, 파멸, 에9:5.
☞**진멸**(에9:5).

13. אָבְדָן ['obdân][1회] 오브단
명 12의 연계형, 6에서 유래: 파멸, 죽음, 에8:6.
☞**멸망함**(에8:6).

14. אָבָה ['âbâh][54회] 아바
원형 미완료형 יֹאבֶה; 호흡을 맞추다:
1) 마음이 쏠리다.
① 동의하다, 왕상22:50.
② 바라다, 사1:19.
2) 갈망하다, 왕하13:23.
3) 수락하다, 신13:9(8). [주] 아람어에선 반대의 뜻인 '거절하다', 또는 '혐오하다'는 뜻을 가짐.
☞**즐기다**(삼상15:9, 대상10:4), **허락하다**(왕상20:8, 22:49), **원하다**(수24:10, 삼하2:21, 대상19:19), **즐겨하다**(삼하6:10, 왕하8:19, 24:4), **기뻐하다**(삼하23:16, 대상11:18), **순종하다**(사42:24), **청종하다**(레26:21), **따르다**(신13:8, 잠1:10), **사하다**(신29:20).

15. אָבֶה ['âbeh][2회] 아베
동 14에서 유래: 갈망, 욕망.
☞**원하다**(욥34:36).

16. אֵבֶה ['êbeh][2회] 에베
명 남 14의 '마음이 쏠리다'는 뜻에서 유래: 갈대, 파피루스, 욥9:26.
☞**갈대, 빠른 (배)**(욥9:26).

17. אֲבוֹי ['ăbôwy][1회] 아보이
명 14의 2)에서 유래:
1) 궁핍.
2) 불행, 잠23:29.
☞**근심**(잠23:29).

18. אֵבוּס ['êbûwç][3회] 에부쓰
명 남 75에서 유래; '가축을 살찌우다':
1) 마굿간, 욥39:9.
2) 구유, 잠14:4.
☞**외양간**(욥39:9), **구유**(잠14:4, 사1:3).

19. אִבְחָה ['ibchâh][2회] 이브하
명 여 사용되지 않는 원형에서 유래['돈다'는 뜻에서 유래한 것 같다]: 칼을 휘두름, 겔21:20(15)
☞**번쩍거림**(겔21:15).

20. אֲבַטִּיחַ ['ăbaṭṭîyach][2회] 아밧티아흐
명 복수로만 사용됨, 어원이 분명하지 않음: 참외, 민11:5.
☞**참외**(민11:5).

21. אֲבִי ['Ăbîy][1회] 아비
고명 여 1에서 유래; 아버지의: 히스기야 왕의 모친인 '아비', 왕하18:2.
☞**아비**(왕하18:2).

22. אֲבִיאֵל ['Ăbîy'êl][4회] 아비엘
고명 남 1과 410에서 유래; 힘의 아버지:
1) 대상11:32.
2) 사울 왕의 조부 '아비엘', 삼상9:1.
☞**아비엘**(대상11:32, 삼상9:1).

23. אֲבִיאָסָף ['Ăbîy'âçâph][1회] 아비아싸프
고명 남 1과 622에서 유래; 수확의 아버지[수확하는 사람]: 레위 지파의 고라 족에 속한 사람 '아비아삽', 출6:24.
☞**아비아삽**(출6:24).

24. אָבִיב ['âbîyb][9회] 아비브
명 남 사용되지 않는 어원 '부드럽다'에서 유래:
1) 곡식의 이삭, 레2:14.
2) 푸른 싹, 출9:31.
☞**이삭**(출9:31, 레2:14), **델아빕**(겔3:15), **아빕(월)**(출13:4, 34:18, 신16:1).

25. אֲבִי גִבְעוֹן ['Ăbîy Gib'ôwn][7회] 아비 기브온
고명 남 1과 1391의 합성어에서 유래; 창건자의 아버지[창건자]: 한 이스라엘 사람의 이름 '아비기브온'.

26. אֲבִיגַיִל ['Ăbîygayil][17회] 아비가일
고명 여 1과 1524에서 유래; 즐거움의 아버지[즐거움의 원천]:
1) 나발의 아내 '아비가일', 삼상25:3.
2) 다윗의 누이, '아비가일', 대상2:16.
☞**아비가일**(삼상25:3, 대상2:16).

27. אֲבִידָן ['Ăbîydân][5회] 아비단
고명 남 1과 1777에서 유래; 재판의 아버지[재판관]: 출애굽시 베냐민 지파를 이끌던 우두머리들 가운데 하나인 '아비단', 민1:11.
☞**아비단**(민1:11).

28. אֲבִידָע ['Ăbîydâ'][2회] 아비다
고명 남 1과 3045에서 유래; 지식의 아버지:

아브라함이 그두라에게서 낳은 아들 '아비다', 창25:4.
☞**아비다**(창25:4).

29. אֲבִיָּה & ['Ăbîyâh][26회] 아비야
고명 1과 3050에서 유래; 그의 아버지는 여호와이시다[경배자]:
1) 사무엘의 둘째 아들 '아비야', 삼상8:2.
2) 한 이스라엘 여인의 이름, 대상2:24.
3) 이스라엘 남자의 이름, 왕상14:1.
4) 대상24:10, 느10:8(7).
5) 대상7:8,
6) 유다왕 '아비야후'[아비야와 같은 말].
☞**아비야**(삼상8:2, 왕상14:1, 대상2:24, 7:8, 24:10, 느10:7).

30. אֲבִיהוּא ['Ăbîyhûw'][12회] 아비후
고명 남 1과 1931에서 유래; 그의 아버지는 하나님이시다: 아론의 아들 '아비후'[율법에 어긋나는 불을 드렸다가 하나님에 의해 저주받아 죽은 사람], 레10:1.
☞**아비후**(레10:1).

31. אֲבִיהוּד ['Ăbîyhûwd][1회] 아비후드
고명 남 1과 1935에서 유래; 명성의 아버지[소유자]: 이스라엘 사람의 이름 '아비훗', 대상8:3.
☞**아비훗**(대상8:3).

32. אֲבִיהַיִל ['Ăbîyhayil][2회] 아비하일
고명 1과 2428에서 유래; 힘의 아버지:
1)르호보암의 아내, 대하11:18.
2)이스라엘 남자, 대상2:29.
☞**아비하일**(대하11:18, 대상2:29).

33. אֲבִי הָעֶזְרִי ['Ăbîy hâ-'Ezrîy][3회] 아비 하에즈리
고명 1과 5829에서 유래; 도움의 아버지[도움을 주는 자]:
1) 에셀인의 조상.
2) 아비에셀인.
☞**아비에셀**(삿6:24, 8:32).

34. אֶבְיוֹן ['ebyôwn][61회] 에브욘
형 14에서 유래[특별히 감정적인 의미의 '부족하다'에서 유래]:
1) 궁핍한, 가난한, 신15:4,7,11.
2) 억눌린, 불쌍한, 시40:17, 시70: 5.
☞**가난한**(신15:7), **궁핍한**(신15:9, 시40:17, 109:22), **빈한한**(신24:14). **[명] 궁핍한 자**(신15:11, 시35:10, 겔18:12), **가난한 자**(출23:6, 신15:4, 에9:22, 욥5:15), **빈궁한 자**(욥30:25), **빈민** (시132:15, 렘5:28).

35. אֲבִיּוֹנָה ['abîyôwnâh][1회] 아비요나
명 여 14의 1)에서 유래; 욕망의 자극제: 식욕, 욕망, 전12:5.
☞**정욕**(전12:5).

36. אֲבִיטוּב ['Ăbîyṭûwb][1회] 아비투브
고명 남 1과 2898에서 유래; 선의 아버지[선한 자]: 한 이스라엘 남자 '아비둡', 대상 8:11.
☞**아비둡**(대상8:11).

37. אֲבִיטַל ['Ăbîyṭâl][2회] 아비탈
고명 여 1과 2919에서 유래; 이슬의 아버지[신선한 자]: 다윗의 아내 중 하나인 '아비달', 삼하3:4.
☞**아비달**(삼하3:4).

38. אֲבִיָּם ['Ăbîyâm][5회] 아비얌
고명 남 1과 3220에서 유래; 바다의 아버지[뱃사람]: 유다의 왕 '아비얌', 왕상14: 31.
☞**아비얌**(왕상14:31).

39. אֲבִימָאֵל ['Ăbîymâ'êl][2회] 아비마엘
고명 남 1과 외래어의 합성어에서 유래; 마엘[아랍의 부족 이름인 것 같음]의 아버지: 욕단의 후손 '아비마엘', 창10:28.
☞**아비마엘**(창10:28).

40. אֲבִימֶלֶךְ ['Ăbîymelek][67회] 아비멜레크
고명 남 1과 4428에서 유래; 왕의 아버지:
1) 여러 시대에 걸쳐 블레셋의 왕이 되었던 사람들의 왕호, 창20:2.
2) 기드온의 아들, 삿8:31.
☞**아비멜렉**(창20:2, 삿8:31).

41. אֲבִינָדָב ['Ăbîynâdâb][12회] 아비나다브
고명 남 1과 5068에서 유래; 관용의 아버지[관대한 자]:
1) 이새의 아들, 삼상16:8, 17: 13.
2) 사울의 아들 '아비나답', 삼상31:2.
3) 두 이스라엘 남자의 이름, 삼상7:1, 왕상4:11.
☞**아비나답**(삼상16:8, 17:13, 31:2, 왕상4:11).

42. אֲבִינֹעַם ['Ăbiynô'am][4회] 아비노암
고명 남 1과 5278에서 유래; 즐거움[은혜]의 아버지: 바락의 아버지 '아비노암', 삿4:6, 5:1.
☞**아비노암**(삿4:6, 5:1).

43. אֶבְיָסָף ['Ebyâçâph][3회] 에브야싸프
고명 남 23의 압축형: 이스라엘 사람의 이름 '에비아삽', 대상9:19.
☞**에비아삽**(대상9:19).

א

44. אֲבִיעֶזֶר ['Ăbîy'ezer][7회] 아비에제르
고명 남 1과 5829에서 유래; 도움의 아버지 [도움을 주는 자]:
1) 길르앗의 아들, 수17:2.
2) 다윗의 용사 중 하나인 '아비에셀', 삼하23:27.
☞**아비에셀**(삼하23:27, 수17:2).

45. אֲבִי־עַלְבוֹן ['Ăbîy-'albôwn][1회] 아비알본
고명 남 1과 사용되지 않는 어원에서 유래; 힘의 아버지[용감한 자]: 한 이스라엘 사람 '아비알본', 삼하23:31.
☞**아비알본**(삼하23:31).

46. אָבִיר ['âbîyr][6회] 아비르
명 82에서 유래: 강한 자[하나님에 대한 표현을 할 때 사용], 창49:24.
☞**전능자**(창49:24, 사1:24).

47. אַבִּיר ['abbîyr][17회] 압비르
형 82에서 유래:
1) 강한, 삿5:22.
① 황소같이 강한[시적인 표현], 시22:12
② 말같이 강한[시적인 표현], 렘8:16.
2) 권세 있는, 당당한, 욥24:22.
3) 완고한, 사46:12.
☞**힘센**(시22:12), **강한**(시76:5), **용감한**(사10:13), **완악한**(사46:12), **[명] 준마**(렘8:16), **강포한 자**(욥24:22), **세력있는 자**(욥34:20), **수소**(시50:13, 68:30, 사34:7), **힘센 자**(시78: 25), **장사**(렘46:15), **용사**(애1:15).

48. אֲבִירָם ['Ăbîyrâm][11회] 아비람
고명 남 1과 7311에서 유래; 높음의 아버지 [고상한 자]: 두 이스라엘 사람의 이름 '아비람', 민16:1, 왕상16:34.
☞**아비람**(민16:1, 왕상16:34).

49. אֲבִישַׁג ['Ăbîyshag][5회] 아비샤그
고명 여 1과 7686에서 유래; 잘못의 아버지 [서투른 자]: 다윗의 첩 '아비삭', 왕상1:3.
☞**아비삭(왕상1:3).**

50. אֲבִישׁוּעַ ['Ăbîyshûwac][5회] 아비슈아
고명 남 1과 7771에서 유래; 풍요의 아버지 [번영하는 자]: 두 이스라엘 사람의 이름 '아비수아',
대상8:4, 대상6:30−31 (6:4−5), 스7:5.
☞**아비수아**(대상6:4−5, 8:4, 스7:5).

51. אֲבִישׁוּר ['Ăbîyshûwr][2회] 아비슈르
고명 남 1과 7791에서 유래; 벽의 아버지[석수를 뜻하는 것 같음]: 한 이스라엘인 '아비술', 대상2:28,29.
☞**아비술**(대상2:28,29).

52. אֲבִישַׁי ['Ăbîyshay][25회] 아비샤이
고명 남 1과 7862에서 유래; 선물의 아버지 [관대한 사람]: 한 이스라엘 사람의 이름 '아비새'[다윗의 누이의 아들], 삼상26:6.
☞**아비새**(삼상26:6).

53. אֲבִישָׁלוֹם ['Ăbîyshâlôwm][4회] 아비샬롬
고명 남 1과 7965에서 유래; 평화의 아버지 [친절한 사람]:
1) 다윗의 아들 '압살롬', 대하11:20,21.
2) 르호보암 왕의 장인, 왕상15:2, 10.
☞**압살롬**(대하11:20,21, 왕상15:2,10).

54. אֶבְיָתָר ['Ebyâthâr][30회] 에브야타르
고명 남 1과 3498에서 유래; 풍요의 아버지 [후한 사람]: 제사장 아히멜렉의 아들 '아비아달', 삼상22:20.
☞**아비아달**(삼상22:20).

55. אָבַךְ ['âbak][1회] 아바크
원형 1) 말다.
2) 감싸다.
3) 한데 엮다.
힛파엘형. 미완료형 וַיִּתְאַבְּכוּ: 빙빙돌리다.
☞**위로 올라가게 하다(사9:18).**

56. אָבַל ['âbal][39회] 아발
원형 미완료형 יֶאֱבַל: 슬퍼하다, 사19:8.
히필형 הֶאֱבִיל: 슬퍼하기 시작하다, 겔31:15.
힛파엘형: 곡을 하다, 출33:4.
☞**곡하다**(사3:26), **탄식하다**(사19:8), **슬퍼하다**(렘12:11, 호4:3, 삼하13:37), **마르다**(욜1:10, 암1:2), **애통하다**(겔7:27, 창37:34), **슬피 울다**(삼상6:18), **근심하다**(겔7:12). **[명] 애곡**(욥14:22).

57. אָבֵל ['âbêl][8회] 아벨
형 연계형 אֲבֵל, 복수 연계형 אֲבֵלֵי, 여성형 אֲבֵלוֹת, 56에서 유래: 곡을 하는, 창37:35.
☞**슬퍼하는**(창37:35, 시35:14, 애1:4), **번뇌하는**(에6:12), **애곡하는**(욥29:25), **슬픈**(사61:2). **[명] 슬퍼하는 자**(사57:18, 61:3).

58. אָבֵל ['âbêl][2회] 아벨
동 사용되지 않는 어원[풀이 많다는 의미]에서 유래: 풀에서 나온 습기로 젖어 있다는 것을 뜻함.

☞**아벨므홀라, 아벨그라밈**(삿7:22, 11:33).

59. אָבֵל ['Ăbêl][6회] 아벨

명 58에서 유래; 초원, 목초지[이 단어는 종종 지명에 포함되어 사용됨]:

1) '아벨과 벧마아가', 삼하20:14,15, 왕상15:20.
2) '아벨하시딤'(모압평지에 위치한 곳; '아벨싯딤'이라고도 함), 민33:49.
3) '아벨 그라밈'[암몬 족의 성읍], 삿11:33.
4) '아벨므홀라'[잇사갈 지파의 성읍이며 엘리사 선지자가 출생한 곳이기도 하다], 삿7:22, 왕상4:12, 19:16.
5) '아벨미스라임'[요단 근처의 탈곡마당 이름], 창50:11.

☞**아벨**(창50:11, 민33:49, 삿11:33, 삼하20: 14,15. 왕상4:12).

60. אֵבֶל ['êbel][24회] 에벨

명 남 어미활용 אֶבְלִי, 56에서 유래: 곡을 하는 의식, 에4:3, 9:22

① [특별히 죽은 사람을 위해] 곡을 함, 창27:41.
② [독생자의 죽음을 위해] 곡을 함, 암8:10, 렘6:26.

☞**애통**(창50:11, 에9:22, 암8:10, 미1:8), **애곡**(창50:10), **초상**(전7:2,4), **슬픔**(사60:20, 렘31:13), **곡**(창27:41).

61. אֲבָל ['ăbâl][11회] 아발

부 56에서 유래된 것으로 보임:

1) 확실히, 진실로[고대 히브리어에서 사용된 의미], 창42:21, 삼하14:5.
2) 그러나 진정, 다른 한편으로[후대 히브리어에서 사용된 의미], 단10:7, 스10:13.

☞**진정으로**(삼하14:5), **과연**(왕상1:43), **참으로**(왕하4:14), **아직도**(대하33:17), **오직**(단10:21).

62. אָבֵל בֵּית־מַעֲכָה ['Âbêl Bêyth-Ma'ăkâh][4회] 아벨 베트마아카

고명 58과 1004와 4601에서 유래, 59의 1) 참조; 벧 마아가의 목초지: 요단 동쪽 레바논 산기슭에 위치한 므낫세 지파의 마을, '아벨 벧 마아가', 왕상15:20.

☞**아벨 벧마아가**(왕상15:20).

63. אָבֵל הַשִּׁטִּים ['Âbêl hash-Shiṭṭîym][1회] 아벨 핫쉿팀

고명 58과 7848의 복수형태에서 관사가 삽입되어 유래됨, 59의 2) 참조; 조각목의 목초지: 모압 평지에 위치한 곳 '아벨싯딤', 민33:49.

☞**아벨싯딤**(민33:49).

64. אָבֵל כְּרָמִים ['Âbêl Kerâmîym][1회] 아벨 케라밈

고명 58과 3754의 복수형태에서 유래, 59의 3) 참조; 포도원의 목초지: 암몬족속의 성읍 '아벨 그라밈', 삿11:33.

☞**아벨 그라밈**(삿11:33).

65. אָבֵל מְחוֹלָה ['Âbêl Mechôwlâh][3회] 아벨 메홀라

고명 58과 4325에서 유래, 59의 4) 참조; 춤추는 풀밭: 잇사갈 지파에 속한 성읍이며 선지자 이스라엘 엘리사의 출생지이기도 함. '아벨므홀라', 왕상4:12.

☞**아벨므홀라**(왕상4:12).

66. אָבֵל מַיִם ['Âbêl Mayim][1회] 아벨 마임

고명 58과 4325에서 유래; 물의 초원: 팔레스틴의 한 지명 '아벨마임'.

☞**아벨마임**(대하16:4).

67. אָבֵל מִצְרַיִם ['Âbêl Mitsrayim][1회] 아벨 미츠라임

고명 58과 4714에서 유래, 59의 5) 참조; 애굽의 목초지: 요단강 근처에 위치한 탈곡마당의 이름 '아벨 미스라임', 창50:11.

☞**아벨미스라임**(창50:11).

68. אֶבֶן ['eben][270회] 에벤

명 [중성과 여성이 혼용됨]. 어미활용 אַבְנוֹ, 복수 אֲבָנִים, 복수연계형 אַבְנוֹ 1129에서 유래; 돌[일반적인 의미와 성례적인 의미로 구별될 수 있음]:

1) [일반적인 의미].
 ① 하나의 돌, 창28:11.
 ② 집합적인 돌, 욥28:3.
 ③ 보석, 출25:7.
 ④ 바위
  ㉠ [무덤을 막는 경우], 수10:18.
  ㉡ [건축 자재로 쓰이는 경우], 삼하5:11.
  ㉢ [무기로 쓰이는 경우], 민35:17.
 ⑤ 다림추[수직선에 쓰이는 것], 사34:11.
 ⑥ 무게 단위로 쓰이는 것, 삼하14:26.
 ⑦ 우박, 수10:11.
 ⑧ 완고함[비유적 표현에 쓰임], 겔11:19.
2) [성례적인 의미].
 ① 돌제단, 신27: 5.
 ② 돌무더기, 수7:26, 창31:46.

③ 돌기둥[계약성립을 표시하는 데 사용], 창31:45.
④ 조각된 돌[우상의 경우], 렘2:27.
☞**호마노**(창2:12, 출35:9,27), **돌**(창11:3, 수4:3, 슥12:3), **반석**(창49:24), **돌판**(출24:12, 34:1), **보석**(출28:10, 삼하12:30, 단11:38), **목석**(신4:28), **추**(신25:13,15, 잠11:1), **덩이**(수10:11), **석수**(삼하5:11), **에벤(에셀)**(삼상7:12), **바위**(삼상20:19, 삼하20:8), **저울**(삼하14:26), **물매**(대상12:2), **성벽**(느4:3), **광석**(욥28:3), **저울추**(잠16:11), **우박**(사30:30), **에바**(슥5:8).

69. אֶבֶן ['eben][8회] 에벤
아람어 명 68과 동일한 뜻. 강조형으로 사용됨: 돌, 단2:34,35.
☞**돌**(스5:8, 단2:34, 6:17), **나무**, **돌**(단5:4,23).

70. אֹבֶן ['ôben][2회] 오벤
명 남 쌍수로만 사용됨 אָבְ*נַיִם, 1129에서 유래; 돌 한 쌍:
1) 토기장이의 녹로에 쓰이는 돌, 렘18:3.
2) 낮고 반반한 돌[일꾼이나 산파가 앉는 의자], 출1:16.
3) 갓난아기를 씻는 돌 용기, 출1:16.
☞**녹로**(렘18:3).

71. אֲבָנָה ['Ăbânâh][1회] 아바나
명 중 68의 여성형으로 추측됨; 돌의: 다메섹 근처에 있는 '아바나' 강, 왕하5:12.
☞**아바나**(왕하5:12).

72. אֶבֶן הָעֵזֶר ['Eben hâ-'êzer][3회] 에벤 하에제르
고명 68과 5828에 관사가 삽입된 말의 합성어에서 유래; 도움의 돌: 팔레스틴의 한 장소 '에벤하에셀'.
☞**에벤에셀**(삼상4:1).

73. אַבְנֵט ['abnêṭ][9회] 아브네트
명 남 어미활용 אַבְנֵטְךָ; 복수 אַבְנֵטִים, 어원은 분명치 않으나 페르시아어로부터 온 것 같음: 띠, 허리띠[제사장들이 차는 것], 출28:4, 레16:4.
☞**띠**(출28:4, 레8:7, 사22:21).

74. אַבְנֵר ['Abnêr][59회] 아브네르
고명 남 1과 5216에서유래; 빛의 아버지[세상을 밝히는 자]: 사울 왕 수하에 있던 장군 '아브넬', 삼상14:51, [가끔 '아비네르'로 불리기도 함], 삼상14:50.
☞**아브넬**(삼상14:50,51).

75. אָבַס ['âbaç][2회] 아바쓰
원형 수동태 분사형으로만 사용됨:
1) 먹이다.
2) 가축을 살찌우다.
☞**살지다**(왕상4:23, 잠15:17).

76. אֲבַעְבֻּעָה ['ăba'bû'âh][2회] 아바부아
명 여 '끓다', '부풀다'는 뜻을 지닌 것에서 유래: 피부에 염증을 일으키는 농포, 출9:9,10.
☞**악성 종기(출9:9).**

77. אֶבֶץ ['Ebets][1회] 에베츠
고명 '빛나다'라는 뜻의 사용되지 않는 어원에서 유래한 것으로 보임: 잇사갈 지파에 속한 성읍의 이름 '에베스', 수19:20.
☞**에베스**(수19:20).

78. אִבְצָן ['Ibtsân][2회] 이브찬
고명 76과 동형에서 유래됨; 찬란한: 이스라엘 사사의 이름 '입산', 삿12:8,10.
☞**입산**(삿12:8,10).

79. אָבַק ['âbaq][2회] 아바크
원형 칼형으로는 사용되지 않고 니팔형으로만 사용됨 נֶאֱבַק, 창32:25(24),26(25).
1) 먼지에 쌓이다.
2) 붙잡다.
3) 씨름하다, 맞붙어 싸우다.
☞**씨름하다**(창32:24,25).

80. אָבָק ['âbâq][6회] 아바크
명 남 79에서 유래: 먼지.
① 산들바람에도 쉽게 흩날리는 아주 작은 먼지, 사5:24.
② 말이 질주할 때 일으키는 먼지, 겔26:10.
☞**티끌**(출9:9, 사5:24, 겔26:10).

81. אֲבָקָה ['ăbâqâh][1회] 아바카
명 여 연계형 אַבְקַת, 80의 여성형: 여성이 사용하는 화장 분가루, 아3:6.
☞**향품**(아3:6).

82. אָבַר ['âbar][1회] 아바르
원형 1)오르다, 타파하다.
2) 더 높은 권능을 얻다.
히필형: 날아오르다[매처럼], 욥39:26.
☞**떠오르다**(욥39:26).

83. אֵבֶר ['êber][3회] 에베르
명 남 82에서 유래: 날개의 깃털.
① 독수리 날개의 깃털, 사40:31.
② 비둘기 날개의 깃털, 시55:7(6)[이것은 날개 자체와는 구별된다, 겔17:3].
☞**날개**(시55:6, 사40:31, 겔17:3).

84. אֶבְרָה ['ebrâh][4회] **에브라**
명 여 83의 여성형:
1) 날개의 깃털, 욥39:13, 시68:14(13).
2) 하나님을 시적으로 묘사할 때 사용, 신32:11, 시91:4.
☞**날개**(신32:11), **깃**(욥39:13, 시68:13).

85. אַבְרָהָם ['Abrâhâm][175회] **아브라함**
고명 남 1과 인구가 조밀하다는 뜻의 어원에서 유래; 무리의 아버지: 유대민족의 창설자이며 조상[그는 메소포타미아 지방에서 데라의 아들로 태어나 하나님의 부르심을 받고 고향을 떠나 그의 무리와 함께 유목생활을 하며 가나안 땅으로 갔던 위대한 신앙인이었다. 또한 그는 처음에 아브람으로 불리다 하나님에 의해 아브라함으로 불리게 되었다], 창17:5.
☞**아브라함**(창17:5).

86. אַבְרֵךְ ['abrêk][1회] **아브레크**
동 무릎을 꿇다는 뜻의 애굽어에서 유래된 것으로 추정됨:
1) 무릎을 꿇다.
2) 절하다.
☞**엎드리다**(창41:43).

87. אַבְרָם ['Abrâm][61회] **아브람**
고명 남 48의 압축형; 고귀한 아버지[48 참조]: 아브라함의 원이름, 창17:5.
*אַבְשַׁי ['Abshay] 아브샤이
52 참조.
*אַבְשָׁלוֹם ['Abshâlôwm] 아브샬롬
53 참조.
☞**아브람**(창12:1).

88. אֹבֹת ['ôbôth][4회] **오보트**
명 남 178의 복수형:
1) 물담는 가죽부대.
2) 광야에 있는 한 장소.
☞**오봇**(민21:10, 33:43).

89. אָגֵא ['Âgê'][1회] **아게**
고명 남 '도망치다'라는 뜻의 아람어에서 유래:
1) 도망자.
2) 한 이스라엘 사람의 이름 '아게', 삼하23:11.
☞**아게**(삼하23:11).

90. אֲגַג ['Ăgag][8회] **아가그**
고명 남 '타오르다'는 아람어에서 유래:
1) 불꽃.
2) 아말렉 왕들의 이름, 민24:7, 삼상15:8.
☞**아각**(민24:7, 삼상15:8).

91. אֲגָגִי ['Ăgâgîy][5회] **아가기**
고명 90에서 유래한 족속의 명칭:
1) 아각 사람.
2) 아각 족속[하만의 족속 이름], 에3:1, 10, 8:3,5.
☞**아각 사람**(에3:1,10, 8:3,5).

92. אֲגֻדָּה ['ăguddâh][4회] **아굿다**
명 여 복수 אֲגֻדּוֹת, '묶다'라는 여성 수동태 분사형[그 어원은 사용되지 않음]:
1) 매는 끈, 사58:6.
2) 한 묶음, 출12:22.
3) 한 무리, 삼하2:25.
4) 아치 모양의 것[창공을 나타나는 데 사용], 암9:6.
☞**묶음**(출12:22), **무리**(삼하2:25), **줄**(사58:6).

93. אֱגוֹז ['êgôwz][1회] **에고즈**
명 남 페르시아어에서 유래된 것으로 보임: 견과[호도, 밤, 개암 따위의 열매], 아6:11.
☞**호도**(아6:11).

94. אָגוּר ['Âgûwr][1회] **아구르**
고명 남 103의 수동태 분사형; 현명한 사람[현자]: 야게의 아들 '아굴', 잠30:1.
☞**아굴(잠30:1).**

95. אֲגוֹרָה ['ăgôwrâh][1회] **아고라**
명 여 103에서 유래:
1) 은화[수집할 때의 의미로 사용됨], 삼상2:36.
2) 곡식, 장과[딸기 따위].
☞**은 한 조각**(삼상2:36).

96. אֶגֶל ['egel][1회] **에겔**
명 남 복수 연계형 אֶגְלֵי טַל, '흘러 내려가다'라는 뜻의 사용되지 않는 어원에서 유래: 저장소, 창고, 욥38:28.
☞**방울**(욥38:28).

97. אֶגְלַיִם ['Eglayim][1회] **에글라임**
명 남 96의 쌍수; 두 저수지: 모압 땅의 마을 이름 '에글라임', 사15:8.
☞**에글라임**(사15:8).

98. אֲגַם ['ăgam][9회] **아감**
명 남 연계형 אֲגַם; 복수 אֲגַמִּים, אַגְמֵי; '함께 모으다'는 뜻의 어원에서 유래[사용되지 않음]:
1) 습지, 물웅덩이[썩은 물이 있는 곳: 특히 홍수 이후 나일 강변에 괴어 있는 물 웅덩이를 가리킬 때 쓰임], 출7:19, 사35:7,

א

42: 15, 시107:35.
2) 갈대가 자라는 늪, 렘51:32.
☞**못**(출7:19, 시107:35, 사42:15), **웅덩이**(사14:23), **갈대밭**(렘51:32).

99. אָגֵם ['âgêm][5회] 아겜
형 98과 동형에서 유래: 슬퍼하는, 고난을 받는, 사19:10.
☞**슬픈, 근심하는**(사19:10).

100. אַגְמוֹן ['agmôwn][5회] 아그몬
명 남 98과 동형에서 유래:
1) 타는 것, 욥41:12(20).
2) 늪지에서 자라는 골풀이나 갈대, 사58:5, 사9:14.
3) 골풀이나 갈대로 꼰 줄, 욥40: 26(41:2).
☞**밧줄**(욥41:2), **갈대**(사9:14, 19:15, 58:5).

101. אַגָּן ['aggân][3회] 악간
명 남 연계형 אַגַּן, 복수 אַגָּנוֹת; 5059에서 유래한 것으로 보임:
1) 사발[속이 비도록 만든 것].
2) 대야.
3) 잔, 술잔.
☞**양푼**(출24:6), **잔**(아7:2), **종지**(사22:24).

102. אַגָּף ['aggâph][7회] 악가프
명 5062에서 유래된 것으로 보임['걸려 있다'는 뜻으로부터], 복수로만 사용됨:
1) 뚜껑, 무더기.
2) 군대, 무리, 겔12:14, 17:21, 38:6,9.
3) 군대의 양 날개편.
☞**부대**(겔12:14), **군대**(겔17:21), **떼**(겔38:6, 22, 39:4).

103. אָגַר ['âgar][3회] 아가르
원형 미완료형 יֶאֱגֹר:
1) 모으다, 추수하다, 신28:39, 잠6:8.
2) 이익이나 소득을 뜻하는 동사로도 쓰임[여기서 급료라는 뜻도 생김].
☞**모으다**(잠6:8), **따다**(신28:39), **거두다**(잠10:5).

104. אִגְּרָא ['iggerâ'][3회] 익게라
아람어 명 강조형 אִגַּרְתָּא, 페르시아어에서 유래: 서신[국가의 사절이나 사신이 전하는 것], 스4:8,11, 5:6. [주] 같은 뜻을 갖는 히브리어.
☞**글**(스4:8,11).

105. אֲגַרְטָל ['ăgarṭâl][2회] 아가르탈
명 남 복수 연계형 אֲגַרְטְלֵי, 어원이 분명치 않음:
1) 대야.
2) 바구니.
3) 큰 금은 접시, 스1:9.
☞**접시**(스1:9).

106. אֶגְרֹף ['egrôph][2회] 에그로프
명 남 1640에서 유래[움켜 쥔다는 뜻으로부터]: 주먹, 출21:18, 사58:4.
☞**주먹**(출21:18, 사58:4).

107. אִגֶּרֶת ['iggereth][10회] 익게레트
명 여 복수 אִגְּרוֹת, 104의 여성형: 서신[특히 왕의 서신이나 관원에 의해 쓰여진 서신], 대하30:1.
☞**편지**(대하30:1, 느6:5, 에9:26), **조서**(느2:7,8, 9), **글**(에9:26).

108. אֵד ['êd][2회] 에드
명 남 181과 동형에서 유래[싸다라는 뜻으로부터]: 안개 혹은 수증기[땅에서 올라와 형성된 것].
☞**안개**(창2:6, 욥36:27).

109. אָדַב ['âdab][1회] 아다브
원형 히필형으로만 사용됨, 부정사 לַאֲדִיב:
1) 슬픔으로 파리해지다.
2) 슬퍼하다, 삼상2:33.
☞**슬프게 하다**(삼상2:33).

110. אַדְבְּאֵל ['Adbe'êl][2회] 아드베엘
고명 남 109와 410에서 유래; 하나님의 기적[하나님의 징벌]: 이스마엘의 아들 '앗브엘', 창25:13.
☞**앗브엘**(창25:13).

111. אֲדַד ['Ădad][1회] 아다드
고명 남 2301의 어미 변화로 보임: 에돔 사람의 이름 '아닷' 혹은 '하닷', 왕상11:17.
☞**하닷**(왕상11:17).

112. אִדּוֹ ['Iddôw][2회] 잇도
고명 남 어원이 불확실함: 이스라엘 사람 '잇도', 스8:17.
*אֱדוֹמִי ['Ĕdôwmîy] 에도미 30 참조.
☞**잇도**(스8:17).

113. אָדוֹן ['âdôwn][334회] 아돈
명 남 연계형 אֲדוֹן; 복수 אֲדֹנִים, 복수연계형 אֲדֹנֵי, 어미활용 אֲדֹנָיו, '다스린다'는 뜻의 어원에서 유래[사용되지 않음]; 주인, 주권자:
1) [일반적인 용법]
① 재물 소유자나 주인, 사24:2, 창42:30.
② [관례적인 호칭], 왕상1:17, 창31:35.

③ 통치자, 창45:8.
2) [하나님에 대해 사용할 경우]
① 시114:7.
② [하나님에 대한 간접적인 표현] '아도나이', 창18:3,27, 15:2, 시8:1.
☞**주인**(창18:12, 삿19:11, 삼상25:10), **주**(창19:18, 수3:11, 슥1:9), **상전**(출21:4, 사24:2, 잠30:10), **아도니베섹**(삿1:6,7), **선생**(왕하2:3), **주관할 자**(시12:4, 105:21).

114. אַדּוֹן ['Addôwn][1회] 앗돈
명 남 113의 강조형; 힘센: 이스라엘 사람 '앗돈'.
☞**앗돈**(느7:61).

115. אֲדוֹרַיִם ['Ădôwrayim][1회] 아도라임
고명 142에서 유래한 쌍수[고귀하다는 의미로부터]; 이중언덕: 유다지파에 속한 마을 '아도라임' 대하11:9.
☞**아도라임**(대하11:9).

116. אֱדַיִן ['ĕdayin][56회] 에다인
아람어 부 불확실한 어원에서 유래: 후에, 그때, 단2:15,17,19.
☞**이에**(단2:17,19).

117. אַדִּיר ['addîyr][28회] 앗디르
형 142에서 유래:
1) 매우 큰, 거대한[바다의 파도를 표현할 때 사용], 시93:4.
2) 강력한.
① [왕의 권세를 표현할 때 사용], 시136:18.
② [민족의 힘에 대해 사용], 겔32:18.
③ [신의 권능에 대해 사용], 삼상4:8.
3) 왕, 방백[복수형으로 사용], 대하23:20, 느10:30(29).
4) 장엄한, 장려한, 시8:2(1).
5) 고상한, 시16:3.
☞**귀한**(삿5:25), **아름다운**(시8:1, 겔17:23, 슥11:2), **존귀한**(시76:4), **유명한**(시136:18, 겔32:18), **능한**(삼상4:8). **[명] 존귀한 자**(대하23:20, 시16:3), **귀족**(느3:5, 나3:18), **권능 있는 자**(사10:34), **위엄**(사33:21), **통치자**(렘30:21).

118. אֲדַלְיָא ['Ădalyâ'][1회] 아달야
고명 남 페르시아어에서 유래: 하만의 아들 '아달랴', 에9:8.
☞**아달랴**(에9:8).

119. אָדַם ['âdam][10회] 아담
원형 얼굴이 붉어지다, 혈색이 좋아지다[애4:7에서만 한 번 칼형이 사용됨].
푸알형 분사 מְאָדָּם:
1) 붉어지다.
2) 붉게 물들다, 출25:5.
히필형: 1)붉게 하다, 사1:18.
힛파엘형:
1)붉어지다.
2)거품이 생기다, 잠23:31.
☞**붉다**(애4:7, 나2:3, 잠23:31).

120. אָדָם ['âdâm][561회] 아담
명 남 119에서 유래:
1) 사람[연계형이나 복수형은 사용되지 않으나 종종 집합 명사로 쓰이기도 함], 창1:26, 27, 시68:19(8), 욥20: 29.
① [이스라엘 이외의 사람], 삿16:7, 시73:5.
② [어려운 조건 속에 있는 사람], 욥31:33, 호6:7.
③ 노예, 민16:32.
④ 군인, 사22:6.
2) 남자, 용사, 전7:28.
3) 어떤 사람, 레1:2.
☞**사람**(창1:26, 삼상15:29, 렘51:43, 겔36:10), **아담**(창2:19, 3:17, 4:25), **인생**(민23:19, 삼하7:14), **남**(레24:20), **인자**(시58:1), **인류**(렘32:20).

121. אָדָם ['Âdâm][10회] 아담
고명 남 120과 동형에서 유래:
1) 첫사람의 이름, 창2:7.
2) 요단강에 있는 마을, 수3:16
☞**아담**(창2:7, 수3:16).

122. אָדֹם ['âdôm][9회] 아돔
형 여성형 אֲדֻמָּה, 복수 אֲדֻמִּים, 119에서 유래: 붉은.
1) [피로 물든 옷을 표현할 때], 사63:2.
2) [장미빛 볼을 표현할 때], 아5:10.
3) [밤이나 적갈색 말의 색을 표현할 때], 슥1:8, 6:2.
4) [어린 암소를 표현할 때], 민19:2.
5) [붉은 팥을 표현할 때], 창25:30.
☞**붉은**(창25:30, 왕하3:22, 아5:10, 슥1:8, 6:2).

123. אֱדֹם ['Ĕdôm][100회] 에돔
고명 122에서 유래; 붉은:
1) 이삭의 아들 에돔[야곱의 형이기도 함], 창25:25.
2) 에돔의 후손[에돔족 혹은 이두매족; 홀로 쓰여 민족을 나타낼 때는 남성으로 쓰이지

א

만, 민20:20, 땅을 뜻할 때는 여성으로 쓰인다, 렘49:17].
☞**에돔**(민20:20).

124. אֹדֶם ['ôdem][3회] 오뎀
명 남 119에서 유래; 붉음: 붉은 색 보석[홍옥이나 석류석], 출28:17, 39:10, 겔28:13.
☞**홍보석**(출28:17, 39:10, 겔28:13).

125. אֲדַמְדָּם ['ădamdâm][6회] 아담담
형 여성형 אֲדַמְדֶּמֶת, אֲדַמְדַּמּוֹת, 119에서 유래한 중복형: 불그스레한 [나병의 붉은 반점을 표현할 때 사용], 레13:19, 14:37.
☞**불그스름하다**(레13:19,24,43), **붉다**(레13:49, 14:37).

126. אַדְמָה ['Admâh][5회] 아드마
고명 '소돔·고모라'와 함께 멸망당한 성읍 '아드마', 창10:19, 14:2,8, 호11:8.
☞**아드마**(창10:19, 14:2,8, 호11:8).

127. אֲדָמָה ['ădâmâh][225회] 아다마
명 여 119에서 유래; 땅:
1) 흙[통곡하는 사람이 자기 머리에 먼지를 뿌릴 때 사용됨], 삼상4:12.
2) 들판[경작되는 곳], 창47:19, 시105:35, 사28:24.
3) 지역, 지방, 창28:15, 사14:2.
4) 세상, 창4:11.
☞**땅**(창1:25, 신4:40, 대하6:25), **흙**(창2:7, 왕상7:46, 욥5:6), **토지**(창47:18, 19,22,23, 잠12:11), **세상**(신4:10, 삼하14:7), **티끌**(삼상4:12, 느9:1), **밭**(대상27:26), **고향**(왕하17:23), **지면**(시104:30), **진흙**(사45:9), **본향**(렘42:12), **본국**(단11:9), **고국**(겔37:21, 욘4:2).

128. אֲדָמָה ['Ădâmâh][1회] 아다마
고명 119에서 유래; 땅: 납달리 지파에 속한 마을 이름 '아다마', 수19:36.
☞**아다마**(수19:36).

129. אֲדָמִי ['Ădâmîy][1회] 아다미
고명 127에서 유래: 납달리 지파에 속한 마을 이름 '아다미', 수19:33.
☞**아다미**(수19:33).

130. אֱדֹמִי ['Ĕdômîy][1회] 에도미
고명 123에서 유래한 족속의 명칭, 726 참조: 에돔인 혹은 에돔의 후손, 창25:25, 신23:8(7).
☞**에돔 사람**(신23:7)

131. אֲדֻמִּים ['Ădummîym][2회] 아둠밈
고명 121의 복수형; 붉은 점들: 팔레스틴에 있는 길 이름 '아둠밈'.
☞**아둠밈**(수15:7, 18:17).

132. אַדְמֹנִי ['admônîy][3회] 아드모니
형 119에서 유래; 붉은: 불그레한[머리칼이나 얼굴을 나타낼 때 사용].
1) [에서에게 사용된 경우], 창25:25.
2) [다윗에게 사용된 경우], 삼상16:12, 17:42.
☞**붉은**(창25:25, 삼상16:12, 17:42).

133. אַדְמָתָא ['Admâthâ'][1회] 아드마타
고명 페르시아어에서 유래된 것으로 보임; 귀족: 페르시아의 귀족 이름 '아드마다', 에1:14.
☞**아드마다**(에1:14).

134. אֶדֶן ['eden][57회] 에덴
명 남 복수 אֲדָנִים, 복수연계형 אַדְנֵי;
기초, 토대:
1) [기둥의 토대를 나타낼 경우], 아5:15, 출26:19.
2) [건물의 토대를 나타낼 경우], 욥38:6.
☞**받침**(출26:19, 민3:36, 아5:15), **주추**(욥38:6).

135. אַדָּן ['Addân][1회] 앗단
고명 134와 동형에서 유래한 강조형; 확고한 자: 스룹바벨과 함께 이스라엘로 귀향한 사람 '앗단', 스2:59.
☞**앗단**(스2:59).

136. אֲדֹנָי ['Ădônây][425회] 아도나이
대명사 113의 강조형:
1) 주[하나님을 대상으로 하는 대명사; 하나님의 이름을 직접 부르지 않기 위해 사용함].
2) 나의 주.
☞**주**(창15:2, 왕상2:26, 사3:15), **여호와**(애2:7, 겔15:8).

137. אֲדֹנִי־בֶזֶק ['Ădônîy-Bezeq][3회] 아도니베제크
고명 113과 966에서 유래; 베섹의 주: 가나안 성의 왕인 '아도니 베섹', 삿1:5-7.
☞**아도니 베섹**(삿1:5-7).

138. אֲדֹנִיָּה ['Ădônîyâh][19회] 아도니야
고명 113과 3050에서 유래; 여호와는 나의 주[경배자]: 세 이스라엘 사람의 이름.
1) 다윗 왕에게 모반을 한 다윗 왕의 아들 '아도니야', 왕상1:8, 삼하3:4.
2) 대하17:8. 3)느10:17(16).
☞**아도니야**(왕상1:8, 삼하3:4, 대하17:8, 느10:16).

139. אֲדֹנִי־צֶדֶק ['Ădônîy–Tsedeq][2회] 아도니체데크
고명 113과 6664에서 유래; 공의의 주: 예루살렘 성에 있던 가나안 왕의 이름 '아도니–세덱', 수10:1,3.
☞**아도니세덱**(수10:1,3).

140. אֲדֹנִיקָם ['Ădônîyqâm][3회] 아도니캄
고명 113과 6965에서 유래; 원수[적]의 주: 두 이스라엘 사람의 이름 '아도니감'.
1) 스2:13.
2) 느7:18.
☞**아도니감**(스2:13, 느7:18).

141. אֲדֹנִירָם ['Ădôniyrâm][2회] 아도니람
고명 113과 7311에서 유래; 높으신 주: 다윗과 솔로몬의 신하였던 '아도니람', 왕상4:6.
☞**아도니람(왕상4:6).**

142. אָדַר ['âdar][3회] 아다르
원형 칼형으로는 사용되지 않음. 아마도 '넓다', '위대하다', '장엄하다'는 뜻을 갖고 있는 것 같다.
니팔형:
1) 위대하게 되다.
2) 영예를 얻다, 출15:11.
히필형:
1) 위대하게 하다, 유명하게 하다, 빛나게 하다, 사42:21.
☞**영광을 나타내다**(출15:6), **영광스럽다**(출15:11), **존귀하다**(사42:21).

143. אֲדָר ['Ădâr][9회] 아다르
기원은 외래어인 것 같음[아마도 '불'을 뜻하는 페르시아어에서 유래한 것 같음]: 히브리력의 12월을 가리키는 '아달'[지금의 3월과 4월 사이를 나타냄], 에3:13.
☞**아달월**(에3:7, 9:1,19,21).

144. אֲדָר ['Ădâr][1회] 아다르
아람어 143과 동일. 스6:15.
☞**아달월**(스6:15).

145. אֶדֶר ['eder][2회] 에데르
명 남 142에서 유래; 폭, 넓이:
1) 넓은 겉옷, 미2:8.
2) 막대함[가격, 가치에 대해 사용], 슥11:13.
☞**겉옷**(미2:8), **삯**(슥11:13).

146. אַדָּר ['Addâr][3회] 앗다르
고명 142에서 유래한 강세형; 풍요: 팔레스틴의 한 장소 '아달', 수15:3.
☞**아달**(수15:3, 대상8:3).

147. אִדַּר ['iddar][1회] 잇다르
아람어 명 142와 일치된 어원에서 유래한 강세형; 풍요한: 타작마당, 단2:35.
☞**타작마당**(단2:35).

148. אֲדַרְגָּזֵר ['ădargâzêr][2회] 아다르가제르
아람어 명 147과 동형 및 1505에서 유래:
1) 점성가.
2) 대법관, 단3:2,3.
☞**재판관**(단3:2,3).

149. אַדְרַזְדָּא ['adrazdâ'][1회] 아드라즈다
아람어 부 페르시아어에서 유래된 것으로 보임:
1) 곧바로, 빨리.
2) 주의깊게.
3) 부지런히, 스7:23.
☞**삼가**(스7:23).

150. אֲדַרְכֹּן ['ădarkôn][2회] 아다르콘
명 남 페르시아어에서 유래: 순금으로 만들어진 페르시아 금화[페르시아의 통치를 기간 동안 유대인들에 의해 널리 통용된 화폐], 대상29:7, 스8:27.
☞**다릭**(대상29:7, 스8:27).

151. אֲדֹרָם ['Ădôrâm][2회] 아도람
고명 141의 압축형: 한 이스라엘 사람 '아도람'.
☞**아도람**(삼하20:24, 왕상12:18).

152. אַדְרַמֶּלֶךְ ['Adrammelek][3회] 아드람멜레크
고명 142와 4428에서 유래; 왕의 장엄함:
1) 메소포타미아 지방에서 사마리아로 전래된 앗시리아의 우상 '아드람 멜렉', 왕하17:31.
2) 산헤립 왕의 아들[산헤립을 살해한 앗시리아의 왕], 사37:38, 왕하19:37.
☞**아드람멜렉**(왕하17:31, 사37:38, 왕하19:37).

153. אֶדְרָע ['edra'][1회] 에드라
아람어 명 1872 참조:
1) 팔.
2) 능력[상징적인 의미로 사용], 스4:23.
☞**권력**(스4:23).

154. אֶדְרֶעִי ['edre'îy][8회] 에드레이
고명 153의 동의어에서 유래; 강함:
1) 바산의 고대 수도 이름 '에드레이'[므낫세 지파의 영토에 속함], 민21:33, 수12:4.
2) 납달리 지파의 마을, 수19:37.
☞**에드레이**(민21:33, 수12:4, 19:37).

155. אַדֶּרֶת ['âddereth][11회] **앗데레트**

명 177의 여성형 명사:

1) 넓음, 넉넉함, 겔17:8,

2) 겉옷, 왕상19:13,19, 왕하2:13,14, 욘3:6.

3) 화려함, 슥11:3.

☞**(털)옷**(창25:25), **외투**(수7:21,24), **겉옷**(왕상19:13,19, 왕하2:8), **왕복**(욘3:6), **옷**(슥13:4). **[형] 아름다운**(겔17:8), **영화로운**(슥11:3).

156. אָדַשׁ ['âdash][1회] **아다쉬**

원형 1)곡식을 밟다.

2) 타작하다, 사28:28.

☞**(곡식을) 떨다**(사28:28).

157. אָהַב ['âhab][208회] **아하브**

원형 **미완료형** יֶאֱהַב; 좋아하다, 사랑하다:

1) 사람을 사랑하다.

① [아버지가 아들을 사랑하는 경우], 창22:2.

② [남편이 아내를 사랑하는 경우], 삼상20:17.

③ [아내가 남편을 사랑하는 경우], 삼상18:20.

2) 사물을 좋아하다.

① [공의를 바라는 경우], 시37:28.

② [뇌물을 좋아하는 경우], 사1:23.

3) 하나님을 사랑하다, 출20:6.

4) 하나님이 사랑하다, 호3:1.

5) 기뻐하다[부정사를 목적어로 하는 경우], 렘14:10.

6) 친구를 사랑하다, 렘20:4.

7) 삼상20:17.

니팔형 분사 יֶאֱהַב [분사로만 쓰임]: 사랑을 받다, 삼하1:23.

피엘형 분사: 1) 친구, 슥13:6.

2) 남자 연인[특히 부정한 의미로 쓰일 경우], 겔16:33.

☞**사랑하다**(창22:2, 신10:12, 잠19:8), **즐기다**(창27:4,14), **좋아하다**(시11:7, 슥8:17, 호10:11), **좋게 여기다**(렘5:31), **기뻐하다**(호4: 18, 암4:5), **사랑을 입다**(잠8:17), **사모하다**(시34:12), **사랑스럽다**(삼하1:23), **사랑 받다**(신21:15,16). **[명] 사랑**(잠17:17, 호3:1), **정든 자**(겔16:33,36,37), **사랑하는 자**(삼하19:6, 시40:16, 애1:19), **친구**(에5:10, 잠14:20, 렘20:4).

158. אַהַב ['ahab][2회] **아하브**

명 157에서 유래:

1) 애정[부정한 의미로 쓰임], 호8:9.

2) 기쁨, 잠5:19.

☞**사랑**(잠5:19), **사랑하는 자**(호8:9).

159. אֹהַב ['ôhab][1회] **오하브**

명 남 복수 אֳהָבִים, 잠7:18, 156에서 유래; 158과 같은 의미:

1) 사랑, 호9:10.

2) 애정[복수로 쓰일 경우 부정한 의미의 애정이 됨].

☞**사랑함**(잠7:18).

160. אַהֲבָה ['ahăbâh][40회] **아하바**

명 여 158의 여성형, 158과 같은 의미:

1) 순수한 사랑[여호와의 이름을 사랑하는 경우], 사56:6.

2) 이성간의 사랑, 아2:4, 5:8.

3) 사랑스런 여자에게서 느끼는 사랑, 아2:7.

☞**사랑함**(삼상18:3, 왕상10:9, 시109:4), **사랑**(삼하1:26, 시109:5, 아2:4, 삼하13:15), **사랑하는 자**(아3:5, 8:4).

161. אֹהַד ['Ôhad][2회] **오하드**

고명 '연합되다'라는 의미의 사용되지 않는 어원에서 유래; 통일: 시므온의 아들 '오핫', 창46:10.

☞**오핫**(창46:10).

162. אֲהָהּ ['ăhâhh][15회] **아하흐**

감 '고통'을 표현하는 기본 어원인 것 같다: 오!, 아!, 아아!, 수7:7, 삿6:22.

☞**슬프다**(수7:7, 왕하3:10, 렘32:17, 욜1:15), **아아**(왕하6:5,15), **아하**(겔4:14, 9:8).

163. אַהֲוָא ['Ahăvâ'][3회] **아하바**

고명 외래어에서 유래한 것으로 보임: 바벨로니아의 강 이름 '아하바', 스8:21.

☞**아하와**(스8:21).

164. אֵהוּד ['Êhûwd][9회] **에후드**

고명 161과 동형에서 유래; 결합: 히브리 사사 가운데 한 사람 '에훗', 삿3:15.

☞**에훗**(삿3:15).

165. אֱהִי ['êhîy][3회] **에히**

부[의문부사]. 346으로 사용하는 것이 일반적임: 어디, 호13:10,14.

☞**어디**(호13:10).

166. אָהַל ['âhal][4회] **아할**

원형 1) 밝다, 빛나다.

히필형 칼형과 동일: 1)빛내다, 욥25:5.

☞**빛나다**(욥25:5).

167. אָהַל ['âhal][4회] **아할**

동 168에서 유래함:
1) 장막을 치다.
2) 장막을 이동하다, 창13:12,18.
피엘형 미완료형 יַאֵהֶל: 1) 장막을 세우다, 사13:20.
☞**장막을 옮기다**(창13:12,18), **치다**(사13:20).

168. אֹהֶל ['ôhel][345회] **오헬**
명 어미활용 אָהֳלִי, אָהָלְךָ, 복수 אֹהָלִים, 복수 연계형 אָהֳלֵי, 복수 어미 활용 אֹהָלָיו, אֹהָלֶיךָ, 166에서 유래:
1) 장막[사막에서 이동할 때 운반하기 쉽도록 만들어진 이스라엘의 성막], 출26:7.
2) 주택이나 거주지, 사16:5.
3) 성전 건물, 겔41:1.
☞**장막**(창4:20, 출16:16, 대하1:4), **성막**(출26:36, 왕상1:39), **막**(출26:12, 14, 36:19), **회막**(출30:16, 레1:1, 민4:3), **천막**(대하14:15, 렘4:20), **성전**(겔41:1). **집**(삿19:9).

169. אֹהֶל ['Ôhel][1회] **오헬**
고명 166에서 유래: 스룹바벨의 아들 '오헬', 대상3:20.
☞**오헬**(대상3:20).

170. אָהֳלָה ['Ohŏlâh][5회] **오홀라**
고명 168의 여성형으로 보이지만 실은 אָהֳלָהּ를 대신한 것임; 그녀의 장막[우상의 성소]: 창부[에스겔 선지자가 사마리아를 지칭하여 사용한 말], 겔23:4.
☞**오홀라**(겔23:4).

171. אָהֳלִיאָב ['Ohŏlîy'âb][5회] **오홀리아브**
고명 168과 1에서 유래; 아버지의 장막: 이스라엘의 기술공 '오홀리압',
출31:6, 35:34.
☞**오홀리압**(출31:6, 35:34).

172. אָהֳלִיבָה ['Ohŏlîybâh][6회] **오홀리바**
고명 בָּהּ를 대신한 말, 168에서 유래; 내 장막이 그녀 가운데 있다: 창부.
☞**오홀리바**(겔23:4).

173. אָהֳלִיבָמָה ['Ohŏlîybâmâh][8회]
오홀리바마
고명 168과 1116에서 유래; 높은 곳에 있는 장막: 에서의 아내 '오홀리바마', 창36:2.
☞**오홀리바마**(창36:2).

174. אֲהָלִים ['ăhâlîym][4회] **아할림**
명 복수형으로만 쓰임. 인도어에서 유래: 침향목[אֲהָלוֹת으로도 쓰임, 시45:9(8)], 민24:6, 잠7:17.
☞**침향목**(민24:6), **침향**(시45:8, 잠7:17, 아4:14).

175. אַהֲרוֹן ['Ahărôwn][347회] **아하론**
고명 아람어에서 유래된 것으로 보임: 모세의 형 '아론', 출6:20, 7:7.
☞**아론**(출6:20, 7:7).

176. אוֹ ['ôw][319회] **오**
접 [선택의 불변화사]. אוֹ의 연계형: [용례]
1) ~이거나 ~이거나, ~혹은~ [either... or...], 출21:31.
2) ~인지 ~인지[whether... or...], 레5:1.
*אַו ['av] **아브**
명 185의 단축형, 원하다는 뜻을 지님:
1) 의지, 욕구, 잠31:4.
2) 자유의지, 선택, 신13:2.
3) [조건을 나타내는 접속사] 만약..이면, 삼상20:10.
☞**만일**(삼하18:13).

177. אוּאֵל ['Ûw'êl][1회] **우엘**
고명 176과 410에서 유래; 하나님의 뜻: 이스라엘 사람의 이름 '우엘', 스10:34.
☞**우엘**(스10:34).

178. אוֹב ['ôwb][17회] **오브**
명 남 복수 אוֹבוֹת, 1과 동형에서 유래[아버지라는 말을 떠듬거리며 말한다는 점에서 유래된 것 같다]:
1) 물병[술병으로도 사용됨], 욥32:19.
2) 점장이[주술로 죽은 자의 영혼을 불러내 미래의 길흉이나 의문나는 것을 알려주는 사람], 삼상28:7.
☞**신접한 자**(레19:31, 삼상28:3, 사29:4), **신접자**(신18:11).

179. אוֹבִיל ['Ôwbîyl][1회] **오빌**
고명 56에서 유래된 것으로 보임; 슬픔에 잠긴: 다윗의 낙타를 관리하던 이스마엘 사람 '오빌', 대상 27:30.
☞**오빌**(대상27:30).

180. אוּבָל ['ûwbâl][3회] **우발**
명 남 2986에서 유래[2988의 의미를 가짐]: 개울, 강, 단8:2,3,6.
☞**강**(단8:2,3,6).

181. אוּד ['ûwd][3회] **우드**
명 남 '긁어 모으다'라는 의미의 사용되지 않는 어원에서 유래:
1) 부지깽이, 슥3:2, 사7:4.

2) 타다 남은 나무[관솔].
☞**부지깽이**(사7:4), **나무조각**(암4:11), **그슬린 나무**(슥3:2).

182. אוֹדוֹת ['ôwdôwth][11회] 오도트
명 복수형으로만 사용됨, 181과 동형에서 유래:
1) 깎아낸 부스러기들.
2) 상황, 처지.
3) [접속사] ~때문에, ~을 위하여.
☞**말미암아, 위하여**(창21:11, 출18:8, 삿6:7), **관하여**(창21:25, 수14:6).

183. אָוָה ['âvâh][26회] 아봐
원형 칼형은 사용되지 않음; 마음을 기울이다:
1) 거하다.
2) 바라다, 열망하다.
피엘형 אִוָּה: 바라다[항상 영혼과 관련되어 사용됨], 잠21:10, 신12:20, 욥23:13.
힛파엘형 הִתְאַוָּה, 미완료형 יִתְאָו: 바라다, 욕구하다.
① [자기 자신을 위한 것에 사용됨], 대상 11:17.
② [목적격과 함께 사용될 경우], 신5:21, 렘 17:16.
③ [여격과 함께 사용될 경우], 잠23:3,6.
☞**원하다**(삼상2:16, 잠24:1), **구하다**(사26:9), **사모하다**(미7:1, 삼하23:15, 시45:11), **좋아하다**(신14:26), **탐하다**(잠21:26, 23:3), **탐내다**(신5:21). **[명] 욕심**(시106:14), **탐욕**(민11:4), **소원**(전6:2).

184. אָוָה ['âvâh][1회] 아봐
원형 1)표시하다.
2) 가리키다.
3) 기술하다, 묘사하다, 민34:10.
☞**긋다(민34:10).**

185. אַוָּה ['avvâh][7회] 압봐
명 여 183의 힛파엘형 1)에서 유래:
1) 욕구, 욕망.
① [음식에 대해], 신12:15,20,21.
② [성욕에 대해], 렘2:24.
2) 기쁨, 소원.
① [영혼에 대해], 삼상23:20.
② [예외], 호10:10.
☞**즐기다, 원하다**(신12:15, 호10:10). **[명] 성욕**(렘2:24).

186. אוּזַי ['Ûwzay][1회] 우자이
고명 남 5813의 변형으로 보임; 강함: 이스라엘 사람의 이름 '우새', 느3:25.
☞**우새**(느3:25).

187. אוּזָל ['Ûwzâl][3회] 우잘
고명 남 불확실한 파생어에서 유래:
1) 욕단의 후손 가운데 한 사람 '우살', 창 10:27.
2) 욕단 족이 거주하던 성의 이름.
☞**우살**(창10:27).

188. אוֹי ['ôwy][24회] 오이
명 183에서 유래[영혼의 바람을 나타내는 의미로부터]:
1) 비탄, 통탄, 잠23:29.
2) [감탄사] 아아.
①[비탄의 소리], 삼상4:8.
② [위험을 나타내는 표현], 민21:29.
☞**오호라**(애5:16), **화 있을진저**(렘13:27, 겔16:23, 호7:13), **아깝다**(렘6:4), **슬프다**(렘10: 19, 45:3). **[명] 화**(민21:29, 삼상4:7,8), **재앙**(잠23:29, 사3:9).

189. אֱוִי ['Ĕvîy][2회] 에뷔
고명 183에서 유래된 것으로 보임; 바람:
1) 한 미디안 족장의 이름 '에위', 민31:8, 수 13:21.
*אוֹיֵב ['ôwyêb] 오예브 341 참조.
☞**에위**(민31:8, 수13:21).

190. אוֹיָה ['ôwyâh][1회] 오야
명 188의 여성형, 연계형은 여격과 함께 사용됨: 화로다, 시120:5.
☞**화**(시120:5).

191. אֱוִיל ['êvîyl][26회] 에뷜
명 남 복수 אֱוִילִים, 괴팍하다는 뜻을 가진 어원에서 유래[사용되지 않음]:
1) 바보, 사19:11.
2) 어리석은 자[불경스러움을 내포], 욥5:3.
☞**미련한 자**(욥5:2, 시107:17, 잠7:22). **[형] 미련한**(잠16:22), **어리석은**(사19:11, 렘4:22, 호9:7), **우매한**(사35:8).

192. אֱוִיל מְרֹדַךְ ['Ĕvîyl Merôdak][2회]
에뷜 메로다크
고명 아람어에서 파생된 것으로 보임; 므로닥의 병사[므로닥은 바벨론의 우상 이름]: 오랫동안 느부갓네살의 포로로 잡혔던 유다의 여호야김 왕을 풀어준 바벨론 왕 '에윌므로닥' [그는 느부갓네살 왕을 계승하여 2년 동안 바벨론을 통치하였다], 왕하25:27.
☞**에윌므로닥**(왕하25:27).

193. אוּל ['ûwl][2회] 울
동 어원은 사용되지 않으나 그 파생어는 광범위하게 사용된다:
1) 말다, 굴리다.
2) 힘이나 권능의 뜻에 적용되어 사용됨.
3) 탁월하다.
명 남 1) 배, 복부, 시73:4.
2) 권세있는 자, 지도자, 왕하24:15.
☞**권세있는 자**(왕하24:15), **힘**(시73:4).

194. אוּלַי ['ûwlay][45회] 울라이
접 176에서 유래:
1) 만일 ~하지 않으면, 민22:33.
2) ~인지 아닌지, 창24:5.
☞**만일**(민22:33), **혹시**(호8:7).

195. אוּלַי ['Ûwlay][1회] 울라이
고명 페르시아어에서 유래: 수산 성 근처로 흐르는 강 '을래', 단8:2.
☞**을래**(단8:2).

196. אֱוִלִי ['êvîlîy][1회] 에뷜리
형 191에서 유래:
1) 바보같은.
2) 어리석은.
3) 경건치 않은.
☞**어리석은**(슥11:15).

197. אוּלָם ['ûwlâm][19회] 울람
명 단축형으로 אֻלָם이 사용됨. 복수 אֵלַמִּים, 481에서 유래[맨다는 의미로부터]: 현관, 정문, 왕상7:6.
☞**주랑**(왕상6:3), **낭실**(대하3:4, 욜2:17), **현관**(겔40:7,8, 41:15, 46:8).

198. אוּלָם ['Ûwlâm][4회] 울람
고명 197 참조. 481에서 유래[침묵이란 의미로부터]; 고독한: 두 이스라엘 사람의 이름 '울람'.
1) 대상7:16.
2) 대상8:39,40.
☞**울람**(대상7:16, 8:39,40).

199. אוּלָם ['ûwlâm][34회] 울람
부 194의 변화형:
1) 전방에, 정면에.
2) 반대편에, 맞은편에.
3) 그러나.
4) ~에도 불구하고.
5) 실제로.
☞**참으로**(욥13:3), **반드시**(욥14:18), **이제**(욥1:11, 2:5), **오직**(미3:8), **과연**(삼상25:34).

200. אִוֶּלֶת ['ivveleth][25회] 입벨레트
명 여 191의 어원에서 유래:
1) 어리석음, 잠5:23.
2) 불경한 행동, 시38:6.
3) 능력, 탁월함[어리석음에 대한], 잠14:24.
☞**우매한**(시38:5, 69:5), **미련함[한]**, (잠5: 23, 14:1, 19:3), **어리석음**(잠14:8, 26:4). **[명] 미련한 자**(잠24:9), **미련**(잠27:22).

201. אוֹמָר ['Ôwmâr][3회] 오마르
고명 남 559에서 유래; 수다스런, 달변의: 에서의 손자 '오말', 창36:11.
☞**오말**(창36:11)

202. אוֹן ['ôwn][13회] 온
명 남 אוֹן이란 말에서 유래된 것으로 보임 [편히 살다 혹은 어떤 일을 쉽게 하다라는 뜻으로부터 유래]:
1) 힘, 능력, 욥18:7.
2) 재물, 부, 호12:9(8).
☞**기력**(창49:3, 신21:17, 시78:51), **힘**(욥18: 12, 사40:29), **재물**(욥20:10, 호12:8), **권세**(사40:26). **[형] 강하다**(욥18:7).

203. אוֹן ['Ôwn][1회] 온
고명 남 기원은 202와 동일: 한 이스라엘 사람의 이름 '온', 민16:1.
☞**온**(민16:1).

204. אוֹן ['Ôwn][3회] 온
고명 애굽어에서 유래: 애굽의 한 도시 '온', 창41:45.
☞**온**(창41:45).

205. אָוֶן ['âven][77회] 아붼
명 남 어미활용 אוֹנְךָ, אוֹנָם, 복수 אוֹנִים; '헐떡거리다'라는 뜻의 어원에서 유래한 것으로 보임[사용되지 않음]:
1) 공허함, 헛됨.
① [공허하고 헛된 것], 사41:29, 슥10:2.
② [우상의 헛됨이나 우상숭배에 관한 모든 것], 삼상15:23.
③ [우상 자체], 사66:3.
2) 헛된 말, 거짓, 시36:4, 잠17:4.
3) 악, 부정, 민23:21, 욥36:21, 사1:13.
4) 불행, 역경, 재난, 시55:4(3), 잠22:8, 욥15:35.
5) 슬픔, 창35:18.
☞**베노니, 슬픔의 아들**(창35:18), **허물**(민23: 21), **죄**(삼상15:23), **악**(욥4:8, 시41:6, 잠30:20, 미2:1),

재앙(욥5:6, 잠17:4, 렘4:15), **죄악**(욥11:14, 시7:14, 사59:4), **불의**(사32:6, 겔11:2), **죄악**(합1:3), **슬픔**(시90:10), **우상**(사66:3), **아웬**(호4:15, 10:5, 암1:5), **애곡하는 자**(호9:4), **비참**(암5:5), **허망**(사58:9).

206. אָוֶן ['Âven][3회] 아웬

고명 205와 동일; 의미는 205 참조[우상숭배]: 세 장소의 이름[수리아의 한 곳과 애굽의 한 곳(온)과 팔레스틴의 한 곳(벧엘)에 대한 경멸적인 동의어].

☞**아웬**(암1:5).

207. אוֹנוֹ ['Ôwnôw][5회] 오노

고명 202에서 유래한 연장형; 강함: 베냐민 지파에 속한 마을 '오노', 스2:33.

☞**오노**(스2:33).

208. אוֹנָם ['Ôwnâm][4회] 오남

고명 남 209의 변화형; 힘센 자: 두 사람의 이름 '오남'.

① 한 이스라엘 사람, 대상2:26.

② 한 에돔 사람, 창36:23.

☞**오남**(대상2:26, 창36:23).

209. אוֹנָן ['Ôwnân][8회] 오난

고명 207의 어미 변화형; 강한: 유다의 아들 '오난', 창38:9, 46:12, 민26:19.

☞**오난**(창38:9, 46:12, 민26:19).

210. אוּפָז ['Ûwphâz][2회] 우파즈

고명 211의 변형으로 보임: 금 생산지의 이름 '우바스', 렘10:9, 단10:5.

☞**우바스**(렘10:9, 단10:5).

211. אוֹפִיר ['Ôwphîyr][11회] 오피르

고명 단축형으로 אוֹפִר와 אֹפִיר가 쓰임, 불확실한 파생어에서 유래:

1) 동방의 유명한 금 생산지, 왕상9:28, 10:11, 대하8:18, 9:10.

2) 욕단의 아들 '오빌', 대상1:23.

☞**오빌**(왕상9:28, 10:11, 대하8:18, 9:10, 대상1:23).

212. אוֹפָן ['ôwphân][35회] 오판

명 남 연계형 אוֹפַן, 복수 אוֹפַנִּים, '회전하다'는 뜻의 어원에서 유래[사용되지 않음]: 바퀴, 출14:25, 잠20:26.

☞**바퀴**(출14:25, 겔1:16, 나3:2).

213. אוּץ ['ûwts][10회] 우츠

원형 1)촉구하다, 독촉하다, 출5:13.

2) 서둘다, 수10:13, 잠19:2, 28:20. [מִן 이 수반될 경우 '망설이다' 또는 '주저하다'는 뜻이 됨, 렘17:16].

3) 옹색해지다, 엄격해지다, 수17:15.

히필형: 칼형의 1)과 동일:

1) [동명사형이 수반되는 경우] 사22:4.

2) [전치사 בְּ가 수반되는 경우] 창19:15.

☞**좁다**(수17:15), **물러가다**(렘17:16), **독촉하다**(출5:13), **급하다**(잠19:2), **조급하다**(잠21:5, 29:20), **재촉하다**(창19:15), **힘쓰다**(사22:4). **[부] 속히**(수10:13, 잠28:20).

214. אוֹצָר ['ôwtsâr][81회] 오차르

명 남 연계형 אוֹצַר, 복수 אוֹצָרוֹת, 686에서 유래:

1) 보관소.

① [곡식이나 식량을 보관하는 경우] 대하11:11, 대상27:27.

② [금은이나 보석을 보관하는 경우] 왕상7:51.

③ [왕의 물건을 보관하는 경우] 왕상14:26, 15:18.

2) 창고, 곳간, 욜1:17, 금고, 대하32:27.

☞**보고(寶庫)**(신28:12, 단1:2), **곳간**(수6:19, 대하16:2, 잠8:21), **보물**(왕상14:26, 대하36: 18, 렘15:13), **보물고**(왕하20:13), **창고**(왕하20:15, 말3:10), **국고**(대하8:15, 32:27), **재물**(대하25:24, 잠21:6, 겔28:4), **보배**(잠21:20, 사33:6), **보화**(사2:7, 45:3), **병기창**(렘50:25). **[동] 저축하다**(대하11:11).

215. אוֹר ['ôwr][43회] 오르

원형 1)밝아지다, 창44:3.

2) 비추어지다, 사60:1.

니팔형: נָאוֹר, 미완료형 יֵאוֹר, 분사형 נָאוֹר: 빛을 내다.

히필형 הֵאִיר:

1) 밝게 하다[목적격과 함께 쓰임].

① [새로운 삶을 일깨울 경우] 잠29:13, 시19:9(8), 스9:8.

② [기분을 좋게 하는 경우] 전8:1.

③ [지혜로 감화시키는 경우] 시119: 130.

2) 빛을 내다[여격과 함께 쓰임], 출13: 21, 사60:19.

3) 불을 붙이다, 말1:10, 사27:11.

☞**밝다**(삼상14:29, 삼하2:32), **빛나다**(욥41: 32, 잠4:18), **발하다**(사60:1, 겔32:7), **비추다**(욥33:30, 창1:15, 민8:2, 시77:18, 97:4, 119: 130), **밝아지다**(삼상14:27), **영화롭다**(시76: 4), **비추게 하다**(출25:37), **밝히다**(스9:8, 시13:3,

105:39), **광채나다**(전8:1), **켜다**(시18: 28), **불사르다**(사27:11, 말1:10). **[명] 빛**(잠29:13), **밝을 때**(창44:3).

216. אוֹר ['ôwr][122회] 오르

명 남 215에서 유래; 빛, [창1:3]:
1) 아침빛, 느8:3.
2) 태양빛 혹은 태양 자체, 욥31:26, 37:21.
3) 번개 빛 혹은 번개 자체, 욥36:32.
4) 생명의 빛, 욥3:16,20.
5) 행운이나 번영의 빛, 사9:2, 시97:11.
6) 교리나 교훈에 대한 빛, 사49:6.
7) 용모에 나타나는 빛, 잠16:15.

☞**빛**(창1:3, 욥22:28, 사2:5), **광명**(출10:23, 욥3:9, 미7:9), **새벽**(삿16:2, 삼하17:22, 느8:3), **아침**(삼상25:22), **광선**(삼하23:4), **태양**(욥31:26), **번개빛**(욥37:15, 37:3), **햇살**(잠4:18), **일광**(사18:4), **대낮**(암8:9). **[동] 나타내다**(습3:5), **밝다**(삿19:26, 삼상25:36, 욥28:11), **동트다**(삼상14:36), **비추다**(시4:6), **넘치다**(암8:8).

217. אוּר ['ûwr][6회] 우르

명 남 복수 **אוּרִים**, 215에서 유래:
1) 빛.
① 밝은 곳, 동방, 사24:15.
② 계시, 민27:21, 삼상28:6.
2) 불꽃, 사50:11.

☞**불사르다**(겔5:2), **불꽃**(사50:11), **동방**(사24:15), **불**(사31:9, 44:16).

218. אוּר ['Ûwr][2회] 우르

고명 215에서 유래:
1) 갈대아 지방의 마을 '우르', 창11:28.
2) 한 이스라엘 사람 '우르', 대상11:35.

☞**우르**(창11:28, 대상11:35).

219. אוֹרָה ['ôwrâh][4회] 오라

명 여 216에서 유래:
1) 빛[번영에 대한 비유적 표현], 시139:12.
2) 풀[**אוֹרוֹת**이 복수형으로 쓰임], 왕하4:39.

☞**채소**(왕하4:39), **영광**(에8:16), **낮**(시139:12). **[형] 빛나다**(사26:19).

220. אֲוֵרָה ['ăvêrâh][1회] 아붸라

명 723의 치환법에 의해 생겨남:
1) 마굿간.
2) 우리.

☞**우리**(대하32:28).

221. אוּרִי ['Ûwrîy][8회] 우리

고명 남 217에서 유래; 열렬한, 불같은: 세 이스라엘 사람의 이름 '우리'.
① 출31:2.
② 스10:24.
③ 왕상4:19.

☞**우리**(출31:2, 대상2:20, 왕상4:19).

222. אוּרִיאֵל ['Ûwrîy'êl][4회] 우리엘

고명 남 217과 410에서 유래; 하나님의 불꽃: 두 이스라엘 사람의 이름 '우리엘'.
① 대상6:9(24).
② 대하13:2.

☞**우리엘**(대상6:24, 15:5).

223. אוּרִיָּה ['Ûwrîyâh][36회] 우리야

고명 연장형으로 **אוּרִיָּהוּ**가 쓰임. 217과 3050에서 유래; 여호와의 불꽃:
1) 밧세바의 남편 헷사람 '우리아', 삼하11:3.
2) 아하스 왕과 이사야 선지자 시대의 제사장 '우리야', 사8:2, 왕하16:10.

☞**우리야**(왕하16:10, 느8:4).

224. אוּרִים ['Ûwrîym][7회] 우림

명 남 217의 복수형:
1) 광채.
2) 광휘[대제사장의 흉패에 붙은 보석에서 발산되는 빛으로서 신탁의 의미.

☞**우림**(삼상28:6, 느7:65).

225. אוּת ['ûwth][4회] 우트

동 [칼형에서는 사용되지 않음].
니팔형: **נָאוֹת**, 미완료형 복수 1인칭 **נֵאוֹת**: 동의하다, 왕하12:9(8).

☞**허락하다**(창34:15,22), **동의하다**(왕하12:8).

226. אוֹת ['ôwth][79회] 오트

명 미완료형의 복수 1인칭 어미활용 **נֵאֹתָה**, 복수 3인칭 어미활용 **יֵאוֹתוּ**, 225에서 유래된 것으로 보임; 신호, 표적:
1) 군기, 민2:2.
2) 표적, 창4:15.
① [과거를 기억하기 위한 경우], 출13:9,16, 신6:8.
② [미래의 일을 알리기 위한 경우], 사8:18.
③ [보이지 않는 상징적 내용을 나타내기 위한 경우], 창1:14.
㉠ [할례에 대해], 창17:11.
㉡ [안식일에 대해], 출31:13.
㉢ [예언에 대해], 출3:12, 신13:3(2).

☞**징조**(창1:14, 삼상10:7, 시78:43), **표**(창4: 15, 신11:18), **증거**(창9:13), **표징**(창17:11, 출31:13, 삼상2:34, 겔14:8), **이적**(민14:22, 신34:11), **표적**(출

א

12:13, 시74:4, 사19:20), **기호**(민2:2, 신6:8), **예표**(사20:3).

227. אָז ['âz][141회] 아즈
부[지시부사]:
1) 그때[과거를 나타냄], 수10:12.
2) 그때, 그후에[미래의 때를 나타냄], 시96:12, 습3:9, 욥3:13.
3) 그러므로, 그 때문에. 렘22:15, 시40:8(7).
☞**예로부터**(시93:2, 사44:8), **옛적**(사48:3,5).

228. אֲזָא ['ăzâ'][2회] 아자
아람어 동 1) 불을 밝히다.
2) 뜨겁게 하다[함축적으로 사용됨].
☞**뜨겁다**(단3:22).

229. אֶזְבַי ['Ezbay][1회] 에즈바이
고명 남 231에서 유래된 것으로 보임; 우슬초 같은: 한 이스라엘 사람 '에스배', 대상11:37.
☞**에스배**(대상11:37).

230. אֲזַד ['ăzad][2회] 아자드
아람어 동 가버리다, 떠나다, 단2:5,8.
☞**내리다**(단2:5,8).

231. אֵזוֹב ['êzôwb][10회] 에조브
명 남 시리아어에서 유래된 것으로 보임: 우슬초, 출12:22.
☞**우슬초**(출12:22, 레14:51, 시51:7).

232. אֵזוֹר ['êzôwr][14회] 에조르
명 남 246에서 유래:
1) 띠, 사5:27, 렘13:1.
2) 끈, 욥12:18.
☞**띠**(왕하1:8, 사5:27, 렘13:1).

233. אֲזַי ['ăzay][3회] 아자이
부 227에서 유래한 것으로 보임: 그때, 그러므로, 시124:3-5.
☞**그 때에**(시124:3).

234. אַזְכָּרָה ['azkârâh][7회] 아즈카라
명 여 2142에서 유래:
1) 기념물[추억이 담긴 것].
2) 제물.
☞**기념물**(레2:2, 5:12, 24:7), **기념**(민5:26).

235. אָזַל ['âzal][5회] 아잘
원형 미완료형 יֵאזֵל; 구르다, 말다:
1) 회전하다[구르다는 개념으로부터].
2) 떠나다, 이탈하다[특히 급하게 떠나는 경우], 잠20:14, 렘2:36.
푸알형 분사형 מְאוּזָּל: 꿰인, 겔27:19.
☞**다하다**(삼상9:7), **줄어지다**(욥14:11), **돌아다니다**(렘2:36), **돌아가다**(잠20:14), **거래하다**(겔27:19).

236. אֲזַל ['ăzal][5회] 아잘
아람어 동 235와 동일:
1) 출발하다, 단6:19.
2) 가다, 여행하다, 스4:23, 5:8,15.
☞**가다**(스4:23, 5:15, 단2:24), **돌아가다**(단2:17, 6:18).

237. אֶזֶל ['ezel][2회] 에젤
고명 235에서 유래; 출발: 팔레스틴에 있는 기념비 '에셀'.
☞**에셀**(삼상20:19).

238. אָזַן ['âzan][2회] 아잔
동 칼형에서는 사용되지 않음:
1) 날카롭다.
2) 명확하다.
히필형: הֶאֱזִין, 미완료형의 단수 1인칭 어미활용 אָזִין, 분사 מַזִין; 귀를 세우다:
1) 주의를 기울여 듣다[목적격이 수반됨], 창4:23.
2) 듣고 답하다[하나님에 대해 사용됨], 시5:2(1).
3) 듣고 순종하다[여격이 수반되며 인간에 대해 사용됨], 느9:30.
☞**깊이 생각하다**(전12:9), **순종하다**(출15:26), **귀기울이다**(신1:45, 시86:6, 렘13:15), **듣다**(대하24:19, 느9:30, 시135:17), **깨닫다**(사64:4).

239. אָזַן ['âzan][1회] 아잔
원형 숙고하다.
피엘형 אִזֵּן: 숙고하다, 깊이 생각하다, 전12:9.
☞**깊이 생각하다**(전12:9).

240. אָזֵן ['âzên][1회] 아젠
명 남 238에서 유래:
1) 기구, 도구.
2) 무기, 신23:14(13).
☞**기구(器具)**(신23:13).

241. אֹזֶן ['ôzen][187회] 오젠
명 여 쌍수[복수] אָזְנַיִם, 복수 연계형 אָזְנֵי; 238에서 유래: 귀, 출29:20.
☞**들리다**(창20:8, 출21:6, 렘29:29), **듣다**(창23:10, 민11:1, 왕하18:26), **알게 하다**(룻4:4, 삼상9:15, 삼하7:27), **고발하다**(삼상22:8), **귀 기울이다**(대하7:15, 느1:6,11). **[명] 귀**(창44: 18, 삼상18:23, 슥7:11).

242. אֻזֵּן שֶׁאֱרָה ['Uzzên She'ĕrâh][1회]

웃젠 쉐에라
고명 238과 7609에서 유래; '세에라'의 작은 땅: 에브라임의 딸 '세에라'가 세운 작은 마을 '우센 세에라', 대상7:24.
☞**우센세에라**(대상7:24).

243. אַזְנוֹת־תָּבוֹר ['Aznôwth Tâbôwr][1회] **아즈노트 타보르**
고명 238과 8396에서 유래; 다볼산 꼭대기: 납달리 지파에 속한 마을 '아스놋다볼', 수19:34.
☞**아스놋다볼**(수19:34).

244. אָזְנִי ['Oznîy][1회] **오즈니**
고명 241에서 유래; 들음:
1) 족장 갓의 아들 '오스니', 민26:16.
2) '오스니'족.
☞**오스니**(민26:16).

245. אֲזַנְיָה ['Ăzanyâh][1회] **아잔야**
고명 남 238과 3050에서 유래; 여호와께서 듣는 자: 이스라엘 사람 '아사랴', 느10:2.
☞**아사랴**(느10:2).

246. אֲזִקִּים ['ăziqqîym][2회] **아직킴**
명 2131의 활용형으로서 2217에서 유래:
1) 매는 사슬.
2) 속박.
☞**사슬**(렘40:1,4).

247. אָזַר ['âzar][16회] **아자르**
원형 미완료형 יֶאֱזֹר, 어미활용 יַאַזְרֵנִי:
1) 동여매다, 허리띠를 조르다, 채비를 하다.
① [목적격이 수반되며 옷차림에 대해 사용], 욥30:18.
② [목적격이 수반되고 신체의 일부에 대해 사용], 렘1:17.
③ [목적격이 수반되고 비유적으로 사용되는 경우], 삼상2:4.
니팔형: 분사형 נֶאְזָר: 동여맨.
피엘형: 동여매다.
힛파엘형: 단단히 태세를 갖추다.
☞**띠를 띠다**(삼상2:4, 시65:6, 사8:9), **묶다**(욥38:3, 40:7), **휘어잡다**(욥30:18), **허리를 동이다**(렘1:17), **띠다**(왕하1:8), **띠 띠우다**(삼하22:40, 시18:39, 30:11).

248. אֶזְרוֹעַ ['ezrôwa'][2회] **에즈로아**
명 2220의 활용형, 2232에서 유래: 팔, 렘32:21, 욥31:22.
☞**팔**(욥31:22, 렘32:21).

249. אֶזְרָח ['ezrâch][17회] **에즈라흐**
명 남 2224에서 유래[자라다는 의미로부터]:
1) 원산지 나무, 시37:35.
2) 본토 사람[언어상으로 구별할 때], 레16:29, 18:26.
☞**본토인**(출12:49, 레16:29, 24:22), **동족**(레18:26), **본토 소생**(민15:13,30), **본래의 땅**(시37:35). **[동] 나다**(출12:19, 겔47:22), **낳다**(레19:34).

250. אֶזְרָחִי ['Ezrâchîy][3회] **에즈라히**
고명 2246에서 유래한 족속의 명칭:
1) 에스라의 자손.
① [에단을 나타내는 경우], 왕상5:11, 시89:1.
② [헤만을 나타내는 경우], 시88:1. [참조], 대상2:6에는 에단과 헤만이 모두 유다의 아들 사라의 후손들로 기록되어 있다. 따라서 אֶזְרָח는 사라의 또다른 이름일 수도 있다.
☞**에스라 인**(시88,89편 제목).

251. אָח ['âch][629회] **아흐**
원형 연계형 אֲחִי, 어미활용 אָחִי, אָחִיךָ, אֲחִיכֶם, 복수 אַחִים, 복수연계형 אֲחֵי; 형제:
1) 친척, 인척, 창14:16, 13:8, 29:12,15.
2) 같은 종족, 삼하19:13(12), 민8:26.
3) 같은 민족, 삿14:3, 출2:11, 4:18. [참조] 조상이 같은 민족에 대해서도 사용, 창9:25, 16:12.
4) 동맹족, 암1:9, 같은 종교, 사66:20.
5) 친구[욥의 친구들], 욥19:13, 왕상9:13.
6) 인류애적 차원으로 결합된 사람, 레19:17, 창13:11.
7) 태도나 성격이 어느 정도 상통한 사람, 욥30:29.
☞**아우**(창4:2, 수15:17, 대하21:4), **형제**(창9: 5, 신1:16, 삿9:3), **형**(창10:21, 45:15, 삼상17: 17), **조카**(창12:5, 14:16), **골육**(창13:8, 37:27), **오라비**(창20:5, 삼하13:8), **동생**(창22:21, 삼하14:7), **오라버니**(창27:43), **외삼촌**(창28:2, 29:10), **생질**(창29:12,15), **남자 형제**(창34: 11), **동족**(레25:39,47, 신2:4), **쌍방**(신1:16), **숙부**(대하36:10), **동포**(삼하15:20), **동료**(학2:22).

252. אַח ['ach][1회] **아흐**
아람어 명 251과 동일: 형제.
☞**형제**(스7:18).

253. אָח ['âch][3회] **아흐**

감[탄식을 나타냄]. 162의 변형: 아!, 아 아![여격과 함께 사용], 겔6:11, 21:20(15).
☞**오호라**(겔6:11, 21:15).

254. אָח ['âch][2회] 아흐
명 여 불확실한 어원에서 유래:
1) 큰 화로[왕의 겨울용 별궁에 설치된 난방용], 렘36:22,23.
2) 식탁용 풍로, 난로.
☞**화로**(렘36:22,23).

255. אֹחַ ['ôach][1회] 오아흐
명 복수형으로만 사용됨 **אֹחִים**, 253에서 유래된 것으로 보임: 울부짖는 야생동물[올빼미를 가리키는 것으로 보임], 사13:21.
☞**부르짖는 짐승**(사13:21).

256. אַחְאָב ['Ach'âb][92회] 아흐아브
고명 남 251과 1에서 유래; 아버지의 형제:
1) 이스라엘 왕국의 왕 '아합', 왕상16:28, 22:40.
2) 바벨론의 선지자, 렘29:21.
☞**아합**(렘29:21, 왕상16:28, 22:40).

257. אַחְבָּן ['Achbân][1회] 아흐반
고명 남 251과 995에서 유래; 지혜로운 형제: 유다지파에 속한 사람 '아반', 대상2:29.
☞**아반**(대상2:29).

258. אָחַד ['âchad][2회] 아하드
원형 칼형은 사용되지 않음. 수사 **אֶחָד** 로부터 파생됨:
1) 통일시키다.
힛파엘형 여성명령형 **הִתְאַחֲדִי**:
1) 마음을 가라앉히다.
2) 생각을 정리하다, 겔21:21(16).
☞**대열을 맞추라, 모이라, 가라**(겔21:16).

259. אֶחָד ['echâd][699회] 에하드
수 연계형 **אַחַד**, 여성형 **אַחַת**; 하나[수사는 형용사적인 역할도 한다]:
1) 똑같은, 바로 그, 창40:5, 욥31:15.
2) 첫째의, 스10:16,17, 창8:5,13.
3) 어떤 사람.
4) [부정관사로 쓰일 경우], 왕상20:13, 단8:3, 왕상19:4.
5) 오직 하나, 유일함, 욥23:13, 겔7:5.
6) [반복되어 사용될 경우] **אֶחָד**–**אֶחָד**, 하나는 ~다른 하나는, 출17:12, 18:3. [참조] 세 번씩 반복되어 사용되는 경우도 있다, 삼상10:3, 13:17,18.
7) 함께, 스2:64, 전11:6.
8) 한 때, 예전에, 왕하6:10, 시62:12(11).
9) **בְּאַחַת**
① 한때, 예전에, 민10:4.
② 갑자기, 잠28:18.
③ 모두 함께, 렘10:8.
10) **לְאַחַד אֶחָד**, 줄줄이, 계속해서, 사27: 12, 전7:27.
복수 **אֲחָדִים**:
1) 똑같은, 동일한, 창11:1.
2) 연합한, 겔37:17.
3) 약간, 어느 정도, 창27:44.
☞**첫째**(창1:5, 욥42:14), **일**(창8:13, 민1:1, 왕하14:23), **자(者)**(창19:9), **하루**(창27:45, 신1:2, 왕상20:29), **한 가지**(출11:1), **서로**(출36: 10), **윗고리**(출36:29, 민1:44), **초하루**(출40:17), **한 개**(레8:26), **동일**(레24:22), **한 번**(레16:34, 수6:3,14), **단번**(수10:42), **일제히**(삿20:1), **같음**(삼상6:4), **한 번씩**(왕상10:22, 대하9:21), **홀로**(왕상18:6, 대상29:1), **합계**(스2:64, 느7:66), **낱낱이**(전7:27), **하나하나**(사27:12), **함께**(사65:25), **손바닥 넓이**(겔40:43), **한 가지**(습3:9), **동일하다**(출12:49), **일정하다**(욥23:13), **비상하다**(겔7:5).

260. אָחוּ ['âchûw][2회] 아후
명 애굽어에서 파생된 것으로 보임: 늪의 풀, 갈대[나일강가에 있는 것], 창41:2.
☞**갈밭**(창41:2), **갈대**(욥8:11).

261. אֵחוּד ['Êchûwd][1회] 에후드
고명 258에서 유래; 함께 모임, 통일: 베냐민의 아들 '에훗', 대상8:6.
☞**에훗**(대상8:6).

262. אַחְוָה ['achvâh][1회] 아흐봐
명 여 2331에서 유래[선언하다는 뜻으로부터]: 선언하다, 견해를 나타내다, 욥13:17.
☞**선언, 설명**(욥13:17).

263. אַחֲוָה ['achăvâh][1회] 아하봐
아람어 명 262와 동일:
1) 해결[수수께끼같은 것의]
☞**밝히다**(단5:12).

264. אַחֲוָה ['achăvâh][1회] 아하바
명 여 251에서 유래:
1) 형제관계, 형제애, 슥11:14.
2) 동업자[집합적 의미].
☞**형제**(슥11:14).

265. אֲחוֹחַ ['Ăchôwach][1회] 아호아흐

고명 251의 중복형, 251에서 유래; 형제의: 이스라엘 사람 '아호아', 대상8:4.
☞**아호아**(대상8:4).

266. אֲחוֹחִי ['Ăchôwchîy][4회] **아호히**
고명 264에서 유래: 아호아 족속, 아호아의 자손, 삼하23:9,28.
☞**아호아 사람**(삼하23:9,28).

267. אֲחוּמַי ['Ăchûwmay][1회] **아후마이**
고명 남 251과 4325에서 유래; 물가의 거주자[이웃]: 이스라엘 사람 '아후매', 대상4:2.
☞**아후매**(대상4:2).

268. אָחוֹר ['âchôwr][41회] **아호르**
명 남 299에서 유래:
1) 배후, 뒤, 끝[전치사가 붙을 경우]
① מֵאָחוֹר , 뒤로부터, 뒤에, 시114:3,5. [반대어는 מִפָּנִים].
② לְאָחוֹר, 뒤로, 시114:3,5.
③ בְּאָחוֹר, 뒤에, 은밀히, 잠29: 11.
④ [אָחוֹר가 목적격으로 쓰일 경우] 뒤에, 배후에[반대어는 פָּנִים이나 קֶדֶם].
2) 서쪽, 서방, 욥23:8, 사9:11(12).
3) 훗날, 미래, 사41:23, 42:23.
☞**등**(출33:23). **[동] 물러가다**(삼하1:22, 시9:3, 애1:8), **위축하다**(시44:18).

269. אָחוֹת ['achôwth][114회] **아호트**
명 여 복수 어미활용, 251의 불규칙 여성형; 자매, 누이:
1) 가족이나 친척에 속한 여자, 욥42:11, 창24:60.
2) 같은 종족이나 민족에 속한 여자, 민25:18.
3) 동맹을 한 성이나 국가, 겔16:46, 23:31.
4) [אִשָּׁה와 연결하여] 하나는 ~또 하나는, 출26:3.
5) [우리와 매우 밀접한 것을 은유적으로 사용할 경우], 잠7:4, 욥17:14.
6) [배우자에 대한 애칭으로 사용되는 경우], 아4:9.
☞**누이**(창4:22, 삼하13:1, 아4:9), **생질**(창29: 13), **형**(창30:1,8), **자매**(레18:9, 대상2:16, 겔22:11), **고모**(레18:12, 20:19), **이모**(레18:13, 20:19), **형제**(수2:13), **동생**(삿15:2, 삼하17:25), **매제**(대상3:19, 4:3, 7:32), **아우**(겔16: 46,52, 23:11). **[부] 서로**(출26:3,17, 겔3:13). **[동] 연결하다**(출26:6).

270. אָחַז ['âchaz][68회] **아하즈**
원형 미완료형 יֹאחַז:
1) 쥐다, 잡다[특히 손으로], 삿12:6, 시56:1.
2) 잡다[사냥을 통해], 아2:15.
3) 잡다[목적격이 수반됨: 어떤 사물을 잡는 경우], 대상13:9, 대하25:5.
4) 결합하다, 합치다, 왕상6:6.
5) 닫다, 느7:3.
6) 덮다[목재나 판으로], 왕상6:10, 합2:19.
7) 제거하다, 없애다, 민31:30, 대상24:6.
니팔형:
1) 칼형 2)의 수동태 의미, 전9:12.
2) 칼형 3)의 수동태 의미, 창22:13.
3) 소유하다, 창34:10, 47:27, 수22:9,19.
피엘형: 1) 닫다[칼형 5)와 동일], 욥26:9.
호팔형: 1) 결합되다[칼형 4)의 수동태 의미], 대하9:18.
☞**잡히다**(출15:14,15, 렘13:21), **있다**(삼하1: 9), **잡다**(왕상1:51, 출4:4, 아3:8), **따르다**(욥23:11), **붙들다**(시73:23, 대상13:9, 삼하6:6), **붙이다**(시77:4), **붙잡다**(아3:4), **엄습하다**(사21:3), **박히다**(왕상6:6), **연접하다**(왕상6: 10), **얽히다**(욥18:9), **메어치다**(시137:9), **움키다**(사5:29), **매다**(에1:6), **걸리다**(전9:12), **의지하다**(겔41:6), **기업을 얻다**(창34:10), **가리다**(욥26:9), **이어지다**(대하9:18).

271. אָחָז ['Âchâz][41회] **아하즈**
고명 270에서 유래; 소유의, 소유자:
1) 선지자 이사야와 호세아와 미가가 활약하던 시대의 유다 왕 '아하스', 왕하16:1, 대하28:16, 사7:1.
2) 한 이스라엘 사람, 대상8:35.
☞**아하스**(대하27:9, 왕하20:11).

272. אֲחֻזָּה ['ăchuzzâh][66회] **아훚자**
명 여 270에서 유래[여성 수동태 분사형: 니팔형 3) 참조]: 소유[특히 땅이나 들을 소유하고 있는 경우에 대해 사용], 레27:24.
☞**소유**(창23:4, 레25:41, 시2:8), **기업**(창17: 8, 레25:13, 느11:3), **구역**(창36:43), **산업**(대하11:14), **기지**(겔48:20, 22).

273. אַחְזַי ['Achzay][1회] **아흐자이**
고명 270에서 유래; 붙잡은 것: 이스라엘 사람 '아흐새', 느11:13.
☞**아흐새**(느11:13).

274. אֲחַזְיָה ['Ăchazyâh][7회] **아하즈야**
고명 270과 3050에서 유래; 여호와께서 지지하는 자:

1) 아합과 이세벨의 아들이며 혹은 아하즈야 후 이스라엘 왕국의 왕 '아하시야', 왕상22:40, 왕하1:2.
2) 여호람의 아들이며 유다 왕국의 왕인 '아하시야', 왕하8: 24, 9:16.

☞**아하시야**(왕상22:49).

275. אֲחֻזָּם ['Ăchuzzâm][1회] **아훗잠**
고명 270에서 유래; 그들의 소유: 유다의 후손, '아훗삼', 대상4:6.

☞**아훗삼**(대상4:6).

276. אֲחֻזַּת ['Ăchuzzath][1회] **아훗자트**
고명 272의 어미 변화형; 소유: 아비멜렉 왕의 친구인 블레셋 사람 '아훗삿', 창26:26.

☞**아훗삿**(창26:26).

277. אֲחִי ['Ăchîy][2회] **아히**
고명 남 251에서 유래; 형제의: 두 이스라엘 사람의 이름 '아히'.
1) 대상5:15.
2) 대상7:34.

☞**아히**(대상7:34).

278. אֵחִי ['Êchîy][1회] **에히**
고명 258에서 유래; 통일: 이스라엘 사람 '에히', 창46:21.

☞**에히**(창46:21).

279. אֲחִיאָם ['Ăchîyâm][2회] **아히암**
고명 남 251과 517에서 유래; 어머니의 형제[외삼촌]: 이스라엘 사람 '아히암', 삼하23: 33, 대상11:35.

☞**아히암**(삼하23:33).

280. אֲחִידָה ['ăchîydâh][1회] **아히다**
아람어 명 2420과 일치: 수수께끼[어려운 문장 등에 대해 사용], 단5:12.

☞**은밀한 말**(단5:12).

281. אֲחִיָּה ['Ăchiyâh][19회] **아히야**
고명 251과 3050에서 유래; 여호와의 형제[여호와의 친구]:
1) 사울 왕 시대의 제사장 '아히야', 삼상14:3,18.
2) 여로보암 왕 시대에 '실로'에 살던 선지자 '아히야', 왕상11:29, 12:15.
3) 그 밖의 이스라엘 사람들, 대상8:7.
4) 대상11:36.
5) 왕상4:3.
6) 대상26:20.
7) 대상2:25.
8) 왕상15:27,33.

☞**아히야**(대상8:7, 대하10:15).

282. אֲחִיהוּד ['Ăchîyhûwd][1회] **아히후드**
고명 남 251과 1935에서 유래; 유대인의 친구: 이스라엘 사람의 이름 '아히훗', 민34:27.

☞**아히훗**(민34:27).

283. אַחְיוֹ ['Achyôw][6회] **아흐요**
고명 남 251의 연장형; 형제의, 형제다운: 이스라엘 사람 '아히오', 삼하6:3, 대상8:14.

☞**아효**(삼하6:3, 대상8:14).

284. אֲחִיחֻד ['Ăchîychûd][1회] **아히후드**
고명 남 251과 2330에서 유래; 단합된 친구[형제]: 이스라엘 사람 '아히훗', 대상8:7.

☞**아히훗**(대상8:7).

285. אֲחִיטוּב ['Ăchîyṭûwb][15회] **아히투브**
고명 남 251과 2898에서 유래; 선한 친구[형제]: 이스라엘 제사장 '아히둡', 삼상14:3, 삼하8:17, 대상5:37(6:11), 6:7,8, 12, 느11:11.

☞**아히둡**(삼하8:17, 대상6:11).

286. אֲחִילוּד ['Ăchîylûwd][5회] **아힐루드**
고명 남 251과 3205에서 유래; 갓난아이의 형: 여호사밧의 아버지 '아힐룻', 삼하8:16.

☞**아힐룻**(삼하8:16, 왕상4:3).

287. אֲחִימוֹת ['Ăchîymôwth][2회] **아히모트**
고명 남 251과 4191에서 유래; 죽음의 형제: 이스라엘 사람 '아히못', 대상6:10.

☞**아히못**(대상6:25).

288. אֲחִימֶלֶךְ ['Ăchîymelek][17회] **아히멜레크**
고명 251과 4428에서 유래; 왕의 형제:
1) 놉 땅에 살던 제사장 '아히멜렉'[아비아달의 아버지이며 다윗의 친한 친구. 이런 이유로 사울에 의해 살해됨], 삼상21:2, 22:9, 시52:2.
2) 다윗왕 시대의 두 대제사장 가운데 한 사람[아비아달의 아들], 삼하8:17, 대상24:3,6, 31.

☞**아히멜렉**(삼상21:2).

289. אֲחִימָן ['Ăchîymân][4회] **아히만**
고명 남 251과 4480에서 유래; 선물의 형제:
1) 아낙 사람의 이름 '아히만', 민13:22.
2) 이스라엘 사람 '아히만', 대상9:17.

☞**아히만**(민13:22).

290. אֲחִימַעַץ ['Ăchîyma'ats][15회] **아히마아츠**
고명 남 251과 4619의 동의어에서 유래; 노여움의 형제:
1) 다윗 왕 시대의 대제사장인 사독의 아들

'아히마아스', 삼하15:27,36, 17:17, 20, 18:19.
2) 이스라엘 사람 '아히마아스', 삼상14:50.
☞**아히마아스**(삼상14:50, 삼하15:27).

291. אַחְיָן ['Achyân][1회] **아흐얀**
고명 남 251에서 유래; 형제의, 형제다운: 이스라엘 사람 '아히안', 대상7:19.
☞**아히안**(대상7:19).

292. אֲחִינָדָב ['Ăchîynâdâb][1회] **아히나다브**
고명 남 251과 5068에서 유래; 진보주의자, 고상한 형제: 이스라엘 사람 '아히나답', 왕상4:14.
☞**아히나답**(왕상4:14).

293. אֲחִינֹעַם ['Ăchîynô'am][7회] **아히노암**
고명 여 251과 5278에서 유래; 너그러운 형제: 이스라엘 여인 '아히노암', 삼상14:50, 25:43.
☞**아히노암**(삼상14:50, 삼하2:2).

294. אֲחִיסָמָךְ ['Ăchîyçâmâk][3회] **아히싸마크**
고명 남 251과 5564에서 유래; 도움의 형제: 이스라엘 사람 '아히사막', 출31:6.
☞**아히사막**(출31:6).

295. אֲחִיעֶזֶר ['Ăchîy'ezer][6회] **아히에제르**
고명 남 251과 5828에서 유래; 도움의 형제:
1) 단 지파에 속한 우두머리의 이름 '아히에셀', 민1:12, 2:25, 7:66.
2) 이스라엘 사람 '아히에셀', 대상12:3.
☞**아히에셀**(민1:12).

296. אֲחִיקָם ['Ăchîyqâm][20회] **아히캄**
고명 남 251과 6965에서 유래; 적의 형제: 유대의 통치자였던 갈대아 사람 '그달리야'의 아버지 '아히감', 왕하25:22, 렘39: 14, 40:5.
☞**아히감**(왕하25:22, 렘39:14).

297. אֲחִירָם ['Ăchîyrâm][1회] **아히람**
고명 남 251과 7311에서 유래; 존귀한 형제: 이스라엘 사람 '아히람', 민26:38.
☞**아히람**(민26:38).

298. אֲחִירָמִי ['Ăchîyrâmîy][1회] **아히라미**
명 297에서 유래한 족속의 명칭: 아히람의 자손[집합적인 의미].
☞**아히람 가족**(민26:38).

299. אֲחִירַע ['Ăchîyra'][5회] **아히라**
고명 남 251과 7451에서 유래; 악한 형제: 납달리 지파에 속한 우두머리 '아히라', 민1:15, 2:29.
☞**아히라**(민1:15).

300. אֲחִישַׁחַר ['Ăchîyshachar][1회] **아히샤하르**
고명 남 251과 7837에서 유래; 새벽의 형제: 이스라엘 사람 '아히살', 대상7:10.
☞**아히사할**(대상7:10).

301. אֲחִישָׁר ['Ăchîyshâr][1회] **아히샤르**
고명 남 251과 7891에서 유래; 노래하는 자의 형제: 이스라엘 사람 '아히살', 왕상4:6.
☞**아히살**(왕상4:6).

302. אֲחִיתֹפֶל ['Ăchîythôphel][20회] **아히토펠**
고명 251과 8602에서 유래; 어리석은 형제: 다윗 왕의 친구였다가 압살롬과 함께 다윗 왕에게 모반을 했던 사람 '아히도벨', 삼하15:31.
☞**아히도벨**(삼하15:31).

303. אַחְלָב ['Achlâb][1회] **아흘라브**
고명 2459와 동일한 어원에서 유래; 비옥한 곳: 아셀 지파에 속한 마을 '알랍', 삿1:31.
☞**알랍**(삿1:31).

304. אַחְלַי ['Achlay][2회] **아흘라이**
고명 [남녀혼성]. 305와 동일; 원하는, 바라는:
1) 이스라엘 여인 '아흘래', 대상11:41.
2) 이스라엘 남자, 대상2:31.
☞**알래**(대상2:31).

305. אַחֲלַי ['achălay][1회] **아할라이**
감 기원을 나타내는 불변사[미래형이 수반됨], 253과 3863의 어미 변화형에서 유래: 그랬으면!, 그렇게 되기를, 시119:5, 왕하5:3.
☞**좋다**(왕하5:3).

306. אַחְלָמָה ['achlâmâh][2회] **아흘라마**
명 여 2492에서 유래된 것으로 보임;꿈의 돌: 보석의 이름[자수정을 말하는 것 같음], 출28:19.
☞**자수정**(출28:19, 39:12).

307. אַחְמְתָא ['Achmethâ'][1회] **아흐메타**
명 페르시아어에서 유래된 것으로 보임:
1) 고대 메디아의 수도.
2) 페르시아 왕의 여름 궁전 이름.
☞**악메다**(스6:2).

308. אֲחַסְבַּי ['Ăchaçbay][1회] **아하쓰바이**
고명 어원이 알려져 있지 않음: 이스라엘 사람 '아하스배', 삼하23:34.
☞**아하스배**(삼하23:34).

309. אָחַר ['âchar][96회] **아하르**
원형 미완료형 וְאֵחַר, 칼형은 미완료형에서

단 한 번 사용됨:
1) 뒤떨어지다, 지연시키다, 창32:5(4).
피엘형: אֵחַר, 복수격어미활용 אֵחֲרוּ, 미완료형 יְאַחֵר:
1) 지체시키다, 지연하다, 신7:10.
2) [간투사로 쓰임] 뜻은 칼형과 같음, 시40:18(17), 시70:6(5), 창34:19.
3) 어떤 일에 빠져 있다, 잠23:30.
☞**머물러 있다**(창32:4), **지체되다**(삼하20:5, 합2:3), **지체하다**(창34:19, 신7:10, 시40:17), **만류하다**(창24:56), **더디하다**(출22:29, 신23:21, 전5:4), **늦다** (시127:2), **잠기다**(잠23:30), **머무르다**(사5:11). **[부] 더디**(삿5:28).

310. אַחַר ['achar][17회] 아하르
부 전 접 뒤에 있는 것, 뒷부분, 말단, 극단:
1) [부사]
① [장소의 의미] 뒤에, 창22:13.
② [시간의 의미] 후에, 그때, 창10:18.
2) [전치사]
① [장소와 함께 쓰일 경우] ~뒤에, 아2:9.
② [시간과 함께 쓰일 경우] ~후에, 창9:28.
3) [접속사] ~한 것 후에, 겔40:1, [참조] אַחַר 대신 그 복수 연계형인 אַחֲרֵי가 훨씬 더 많이 쓰임, 창16:13, 신24:4.
☞**뒤따르다**(창37:17, 삼하11:8, 겔5:2), **따르다**(출15:20, 룻2:2, 삼하7:8), **바라보다**(출33:8), **본받다**(레20:5), **따르다**(민14:24, 신13:2, 삼상12:14), **떠나다**(신7:4, 왕하17:21), **데리다**(삼상25:13), **잇다**(왕상1:13,24), **속하다**(왕상21:21), **복종하다**(왕상21:26, 대하34:33), **섬기다**(왕하10:29, 대상5:25), **향하다**(왕하19:21), **순종하다**(왕하23:3, 대하34:31), **다하다**(욥21:21), **찾다**(욥39:8), **시종하다**(시45:14). **[명] 종자**(느5:15, 13:19), **나중**(잠28:23), **장래**(전7:14), **주민**(렘50:21), **자취**(신12:30), **후군**(수10:19).

311. אַחַר ['achar][3회] 아하르
아람어 복수 연계형 אַחֲרֵי, 310의 의미와 동일, 단2:29. [참조] 순수 아람어에서 사용되는 전치사는 בָּתַר임.
☞**따르다**(단2:39). **[명] 장래**(단2:29, 45).

312. אַחֵר ['achêr][166회] 아헤르
형 여성형 אַחֶרֶת, 복수형 אֲחֵרִים, 309에서 유래: 다음의, 또다른[특히 처음을 따라가는 두 번째에 대해 쓰임], 창17:21, 왕상3:22.
☞**다른**(창26:21, 왕상3:22, 사28:11). **[명] 남**(출22:5, 잠5:9), **좌편**(대하3:11), **그 밖의**(스1:10).

313. אַחֵר ['Achêr][1회] 아헤르
고명 309에서 유래; 312의 1)과 동일: 이스라엘 사람 '아헬', 대상7:12.
☞**아헬**(대상7:12).

314. אַחֲרוֹן ['achărôn][511회] 아하론
형 여성형 אַחֲרֹנָה, 여성복수형 אַחֲרֹנִים:
1) 뒷편의, 후자의, 출4:8.
2) 후의, 늦은, 다음의, 시48:14(13), 잠31:25, 욥18:20.
3) 마지막의, 느8:18, 사44:6.
☞**둘째**(출4:8), **후대**(민2:31, 시48:13), **나중**(룻3:10, 삼하19:12, 단8:3), **마침내**(삼하2:26), **마지막**(삼하23:1, 사44:6), **처음부터 끝까지**(대상29:29, 대하35:27). **[동] 오다**(신29:22), **나중되다**(스8:13).

315. אַחְרַח ['Achrach][1회] 아흐라흐
고명 310과 251에서 유래; 한 형제 다음의: 이스라엘 사람 '아하라', 대상8:1.
☞**아하라**(대상8:1).

316. אֲחַרְחֵל ['Ăcharchêl][1회] 아하르헬
고명 310과 2426에서 유래; 흉벽[참호] 뒤의: 이스라엘 사람 '아할헬', 대상4:8.
☞**아하헬**(대상4:8).

317. אָחֳרִי ['ochŏrîy][5회] 아호리
아람어 형 311에서 유래: 또 다른, 단2:39, 7:5,6.
☞**다른**(단7:5,8,20).

318. אָחֳרֵין ['ochŏrêyn][1회] 아호레인
아람어 형 317에서 유래: 마지막에, 마침내, 단4:5(8).

319. אַחֲרִית ['achărîyth][61회] 아하리트
명 여 310에서 유래:
1) 마지막 부분[시간적인 의미로 더 많이 쓰임].
① 종말, 신11:12.
② 장래, 미래, 사2:2, 민24:14.
2) 후손, 남은 자, 시109:13, 암4:2, 9:1, 단11:4.
☞**후일**(창49:1, 민24:14), **종말**(민23:10, 신32:20, 사46:10), **끝날**(신4:30, 겔38:16), **마침내**(신8:16, 잠23:32), **나중**(욥8:7, 잠29:21), **자손(시109:13)**, **마지막**(잠5:11, 단8:23), **필경**(잠14:12, 19:20), **장래**(잠23:18, 24:20, 렘29:11), **말일**(사2:2, 렘23:20), **남은 자**(겔23:25, 암4:2, 9:1), **자손**(단11:4). **[동] 마치다**(단8:19).

320. אַחֲרִית ['achărîyth][1회] 아하리트
아람어 명 여 311에서 유래:319의 1)과 동일, 단2:28.
☞**후일**(단2:28).

321. אָחֳרָן ['ochŏrân][11회] 오호란
아람어 형 311에서 유래: 또 다른, 다른, 단2:11.
☞**다른**(단2:44, 3:29, 5:17).

322. אֲחֹרַנִּית ['ăchôrannîyth][7회] 아호란니트
부 268의 연장형: 뒤로, 뒤쪽으로, 창9:23, 삼상4:18.
☞**뒤로 (넘어져)**(삼상4:18), **뒤로 (되돌이키심)**(왕상18:37), **뒤로 (물러가다)**(왕하20:10, 11, 사38:8).

323. אֲחַשְׁדַּרְפַּן ['ăchashdarpan][4회] 아하쉬다르판
명 페르시아어에서 유래:
1) 페르시아의 총독[페르시아의 주요 지방 통치자].
2) 부관, 내시.
☞**총독, 관원, 지방관**(스8:36, 에3:12, 9:3).

324. אֲחַשְׁדַּרְפַּן [ăchashdarpan][10회] 아하쉬다르판
아람어 명 기원은 323과 동일: 방백.
☞**총독**(단3:2,27), **고관**(단6:2).

325. אֲחַשְׁוֵרוֹשׁ ['Ăchashvêrôwsh][1회] 아하쉬베로쉬
고명 페르시아어에서 유래: 페르시아 왕의 칭호 '아하수에로'[그러나 여기에선 '아하수에로'나 '알타 크세르크스'가 다 가능한데 대체로 '크세르크스'가 인정됨], 에10:1.
☞**아하수에로**(에10:1).

326. אֲחַשְׁתָּרִי ['ăchashtârîy][1회] 아하쉬타리
고명 남 페르시아어에서 유래된 것으로 보임; 노새 몰이꾼:
1) 아하스다 족속.
2) 한 이스라엘 사람의 명칭 '하아하스다리[관사 포함]', 대상4:6.
☞**하아하스다리**(대상4:6).

327. אֲחַשְׁתְּרָן ['ăchastârân][1회] 아하쉬타란
명 페르시아어에서 유래:
1) 나귀.
2) 낙타.
☞**준마**(에8:14).

328. אַט ['aṭ][4회] 아트
명 남 점잖게 말하다 또는 점잖게 가다라는 뜻의 사용되지 않는 어원에서 유래:
1) 중얼거림.
2) 강신술사[그들의 잔잔한 주문에 기인함].
3) 의젓한 모습.
4) [부사] 점잖게, 천천히, 왕상21:27.
☞**마술사**(사19:3). **[부] 너그러이**(삼하18:5), **풀이 죽어**(왕상21:27), **천천히**(사8:6), **은밀하게, 온유하게**(욥15:11).

329. אָטָד ['âṭâd][4회] 아타드
명 남 확고하다라는 뜻의 아람어에서 유래:
1) 털갈매 나무.
2) 가시나무, 삿9:14,15.
☞**아닷**(창50:10,11), **가시나무**(삿9:14, 15, 시58:9).

330. אֵטוּן ['êṭûwn][1회] 에툰
명 남 매다라는 뜻의 사용되지 않는 어원에서 유래된 것으로 보임:
1) 꼬아 놓은 실.
2) 털실, 잠7:16.
☞**아마포, 면제품**(잠7:16).

331. אָטַם ['âṭam][8회] 아탐
원형 1) [귀를] 막다, 사33:15.
2) [입술을] 다물다, 잠17:28.
3) [창문을] 닫다, 왕상6:4.
☞**닫다**(잠17:28, 겔40:16, 41:26), **막다**(잠21: 13, 사33:15, 시58:4).

332. אָטַר ['âṭar][1회] 아타르
원형 미완료형 יֶאְטַר:
1) [입을] 다물다, 시69:15(16).
2) 울타리를 만들다.
☞**닫다**(시69:15).

333. אָטֵר ['Âṭêr][5회] 아테르
고명 남 332에서 유래; 말 못하는 귀머거리: 이스라엘 사람 '아델'.
① 스2:16, 느7:21.
② 스2:42, 느7:45.
☞**아델**(스2:42, 느7:45).

334. אִטֵּר ['iṭṭêr][2회] 잇테르
형 남 332에서 유래:
1) 닫힌.
2) 장애를 받는, 삿3:15.
☞**왼손잡이**(삿3:15, 20:16).

335. אַי ['ay][31회] 아이
부 연계형 אֵי. 370에서 유래된 것으로 보임:
1) [의문부사] 어디에.

א

① [단수 2인칭으로 쓰이는 경우, אַיֶּכָּה] 당신은 어디에 계십니까?, 창3:9.
② [단수 3인칭으로 쓰이는 경우, אַיּוֹ] 그는 어디에 있습니까?, 출2:20.
③ [복수 3인칭으로 쓰이는 경우, אַיָּם] 그들은 어디에 있습니까?, 사19:12.
2) [의문사]
① זֶה, 누구?, 어떤?, 무엇?, 왕상13:12.
② אֵי מִזֶּה, 어디서?, 창16:8.
③ לָזֹאת, 왜?, 무엇 때문에?, 렘5:7.

336. אִי ['îy][36회] 이
부 370에서 유래된 것으로 보임: ~아니 [참조] 고유명사 속에서 발견됨.
① '이가봇' אִי־כָבוֹד, 불명예스런, 삼상4:21.
② '이세벨' אִיזֶבֶל.
☞**아니라도**(욥22:30).

337. אִי ['îy][2회] 이
감 188의 압축형:
1) 아!.
2) 화로다![여격과 함께 쓰임], 전10:16.
☞**화가 있도다[있으리라]**(전10:16, 4:10).

338. אִי ['îy][3회] 이
명 '슬픈 소리'라는 개념에서 유래, 188의 압축형:
1) 울부짖음.
2) 울부짖는 짐승[복수로만 사용됨: 고독한 야생동물들을 나타냄].
☞**승냥이**(사13:22), **들짐승**(사34:14, 렘50:39).

339. אִי ['îy][4회] 이
명 남 연계형 אֱוִי의 대용; 복수 אִיִּים, 183에서 유래:
1) 거주할 수 있는 땅, 사42:15.
2) 해변가, 해안.
① 바닷가, 사20:6, 23:2.
② 섬, 렘47:4.
☞**섬**(시72:10, 사40:15).

340. אָיַב ['âyab][12회] 아야브
원형 1) 어떤 사람을 혐오하다.
2) 어떤 사람을 적대시하다.
☞**원수되다**(출23:22, 시35:19). **[명] 대적**(창22:17, 레26:44, 삼하3:18), **원수**(창49:8, 삼상2:1, 왕상3:11), **악의**(민35:23), **적군**(신23: 14, 대하20:27), **적국**(대하6:36).

341. אֹיֵב ['ôyêb][4회] 오예브
명 340의 능동태 분사형 명사: 적, 원수, 창22:17, 49:8. 여성형명사 אוֹיֶבֶת: 여자 원수 [집합적인 의미로 사용] 미7:8,10.
☞**대적**(미7:8).

342. אֵיבָה ['êybâh][5회] 에바
명 여 340의 연계형인 אֲדִיבָה의 대용: 증오, 적대감, 창3:15, 민35:21.
☞**원수**(창3:15, 겔25:15), **악의**(민35:21,22), **한**(겔35:5).

343. אֵיד ['êyd][24회] 에드
명 남 181과 동형에서 유래 [밑으로 굽히다는 뜻으로부터]; 압박을 받게 하는 짐:
1) 큰 불행, 재난, 시18:19, 욥21:30.
2) 파괴, 멸망, 욥18:12, 21:17.
☞**환난**(신32:35, 욥31:3, 겔35:5), **재앙**(삼하22:19, 욥21:17, 잠6:15), **재난**(욥21:30, 렘18: 17, 49:8).

344. אַיָּה ['ayâh][3회] 아야
명 여 337에서 유래된 것으로 보임; 울음소리, 아우성: 탁하고 시끄러운 소리를 내는 새 [부정한 새로 기록됨] 레11:14, 신14:13.
☞**매**(레11:14, 신14:13, 욥28:7).

345. אַיָּה ['Ayâh][2회] 아야
고명 남 337에서 유래된 것으로 보임; 울음소리, 아우성: 두 이스라엘 사람 '아야'.
① 창36:24.
② 삼하3:7.
☞**아야**(창36:24, 삼하3:7).

346. אַיֵּה ['ayêh][53회] 아예
부[의문부사] אִי처럼 '장소'의 의문부사로 쓰임, 335의 연장형: 어디, 창18:9.
☞**어디**(창18:9).

347. אִיּוֹב ['Îyôwb][58회] 이요브
고명 340에서 유래; 미움을 받는 자: 우스 땅에 머무는 아람 사람 '욥'.
☞**욥**(욥1:1).

348. אִיזֶבֶל ['Îyzebel][22회] 이제벨
고명 여 336과 2083에서 유래; 정숙한: 아합 왕의 아내 '이세벨', 왕하9:7.
☞**이세벨**(왕상16:31, 왕하9:7).

349. אֵיךְ ['êyk][61회] 에크
부[의문부사]. אֵיכָה의 단축형 335의 연장형:
1) 어떻게~?, 사1:21.
2) 어디에~?, 아1:7.
3) 얼마나!, 시73:19.
☞**어찌?**(창44:34, 삿16:15), **어떻게?**(대하

10:6).

350. אִי־כָבוֹד [Îy−kâbôwd][2회] **이카보드**
고명 336과 3519에서 유래; 불명예스러운: 비스하스의 아들 '이가봇', 삼상4:21.
☞**이가봇**(삼상4:21).

351. אֵיכֹה ['êykôh][1회] **에코**
부 349에서 유래한 것으로 보임[어미변화를 통해]: 어디~?[의문사는 아니지만 의문사 성격을 지님], 왕하6:13.
☞**어디**(왕하6:13).

352. אַיִל ['ayîl][182회] **아일**
명 남 복수 אֵילִים, 193에서 유래된 것으로 보임; 힘, 힘센 것:
1) 우두머리[정치적인 뜻].
2) 힘센 숫양, 창15:9.
3) 벽기둥[강력한 지지물로서].
4) 상수리 나무[단단한 나무라는 뜻에서].
☞**숫양**(창15:9, 출25:5, 삼상15:22), **벽**(겔40: 9, 41:1), **기둥**(겔40:49), **영웅**(출15:15), **권세**(왕하24:15), **용사**(욥41:25), **상수리나무**(사1:29), **나무**(사61:3, 겔31:14). **[형] 능하다**(겔17:13).

353. אֱיָל ['êyâl][1회] **에얄**
명 남 352의 어미변화형, 193에서 유래: 힘, 능력, 시88:5(4).
☞**힘**(시88:4).

354. אַיָּל ['ayâl][11회] **아얄**
명 남 352의 강의어, 193에서 유래: 수사슴, 신12:15.
☞**사슴**(신12:15, 시42:1).

355. אַיָּלָה ['ayâlâh][11회] **아얄라**
명 여 354의 여성형; 복수 אַיָּלוֹת, 복수 연계형 אַיְלוֹת, 193에서 유래: 암사슴, 창49:21.
☞**암사슴**(창49:21, 욥39:1, 시29:9), **사슴**(합3:19).

356. אֵילוֹן ['Êylôwn][10회] **엘론**
고명 352에서 유래; 상수리나무:
1) 단 지파에 속한 마을 '엘론', 수19:43, 왕상4:9.
2) 헷 사람 '엘론', 창26:34, 36:2.
3) 두 이스라엘 사람 '엘론'.
① 창46:14.
② 삿12:11.
☞**엘론**(수19:46).

357. אַיָּלוֹן ['Ayâlôwn][10회] **아얄론**
고명 354에서 유래; 사슴 들판:
1) 단 지파의 영역에 속한 레위인의 마을 '아얄론', 수10:12.
2) 스불론 지파에 속한 마을 '아얄론', 삿12:12.
☞**아얄론**(수10:12).

358. אֵילוֹן בֵּית חָנָן
['Êylôwn Bêyth Chânân][1회] **엘론 베트 하난**
고명 356과 1004와 2603에서 유래; 은총의 집에 있는 상수리나무숲: 팔레스틴에 있는 한 장소 '엘론벧하난'.
☞**엘론벧하난**(왕상4:9).

359. אֵילוֹת ['Êylôwth][1회] **엘로트**
고명 352에서 유래; 종려나무숲: 홍해의 동쪽 연안에 위치한 에돔 성 '엘랏', 왕하14:22.
☞**엘랏**(신2:8).

360. אֱיָלוּת ['ěyâlûwth][1회] **에얄루트**
명 여 353의 여성형:
1) 불굴의 정신, 용기.
2) 힘.
3) 도움, 시22:20(19).
☞**힘**(시22:19).

361. אֵילָם ['êylâm][15회] **엘람**
명 남 복수 אֵלַמּוֹת, אֵילַמִּלם, 352에서 유래:
1) 박공[벽]설계.
2) 현관, 문간방, 주랑 현관.
① [왕궁에 있는 경우] 왕상7:6−8.
② [성전에 있는 경우] 왕상7:12−21.
☞**현관**(겔40:21,29,36).

362. אֵילִם ['Êylîm][6회] **엘림**
고명 352의 복수형; 종려나무들: 이스라엘 백성이 출애굽 후 광야에서 두 번째로 머물렀던 곳, 출15:27.
☞**엘림**(출15:27, 민33:9).

363. אִילָן ['îylân][3회] **일란**
아람어 명 352에서 유래: 나무, 단4:7,8. [참조] 히브리어의 אֵלוֹן에 해당하지만 이보다 더 광범위하게 사용됨.
☞**나무**(단4:10,20,26).

364. אֵיל פָּארָן ['Êyl Pâ'rân][2회] **엘 파란**
고명 352와 6290에서 유래; 바란의 상수리나무: 바란 지역의 한 곳 '엘바란'.
☞**엘바란**(창14:6).

365. אַיֶּלֶת ['ayeleth][3회] **아옐레트**
명 여 355의 유래와 동일:
1) 암사슴.

2) 여인의 사랑스런 말, 잠5:19.

☞**아옐렛**(시22편 표제), **암사슴**(잠5:19, 렘14:5).

366. אָיֹם ['âyôm][3회] 아욤

형 여성형 אֲיֻמָּה, 놀라게 하다는 뜻의 어원에서 유래:

1) 놀라운.
2) 무시무시한, 합1:7.

☞**당당한**(아6:4), **두려운**(합1:7).

367. אֵימָה ['êymâh][17회] 에마

명 여 366과 동형에서 유래: 공포[그 원인에 대한 소유격이 수반됨], 신32:25.

☞**놀람**(출15:16, 신32:25), **위엄**(출23:27, 욥13:21), **두려움**(욥20:25), **위험**(시55:4), **진노**(잠20:2), **무서운 것**(렘50:38).

368. אֵימִים ['Êymîym][3회] 에밈

명 367의 복수형:

1) 공포를 일으키는 것들, 시88:16.
2) 우상들[그 경배자에게 불러일으키는 공포심에 기인함], 렘50:38.
3) [고명] 모압 족속보다 먼저 모압 땅에 살던 고대 민족 '엠', 신2:10.

☞**엠**(창14:5).

369. אַיִן ['ayin][787회] 아인

대 전 연계형 אֵין, '존재하지 않다'는 어원에서 유래한 것으로 보임[무, 공허, 진공, 사40:23]:

1) [부정대명사] 무, 없음, 출22:2.
2) [부정어] ~아니다, 민14:42. [인칭접미어가 붙을 경우] [단수 1인칭 접미어] אֵינֶנִּי [단수 2인칭 접미어] אֵינְךָ [부정어에 동사가 포함된 경우: 완곡어법으로 사용] [בְּאַיִן와 동일] 출5:16.
3) [전치사] בְּאֵין ~없는, 욥1:6.
4) [접두사와 함께 쓰일 경우]
① בְּאַיִן ~을 결여하고 있는, 잠8:24.
② בְּאַיִן 거의, 시73:2.
③ לְאַיִן[לַאֲשֶׁר אֵין 과 동일] ~아닌 자에게, 사40:29.
④ מֵאַיִן, 그러므로 ~아니다, 사5:9.

☞**아니하다**(창30:1), **그치다**(창41:49), **없어지다**(왕상20:40, 욥8:22, 애5:7), **못하다**(대하21:18), **떠나다**(시38:10), **거의**(시73:2), **기운이 없다**(사44:12), **허망하다**(사41:24).

370. אַיִן ['ayin][17회] 아인

부 [의문부사]. 369의 유래와 동일: 어디에. [참조] 전치사 מִן과 결합되면 '어찌하여, 어떻게'라는 뜻을 갖게 된다, 창29:4.

371. אִין ['îyn][1회] 인

369의 압축형으로 보이나 실은 370과 같이 의문사임: [그것이] 아닌가?

372. אִיעֶזֶר ['Îy'ezer][1회] 이에제르

고명 336과 5828에서 유래; 무력한, 힘없는: 한 이스라엘 사람 '이에셀', 44참조.

☞**이에셀**(민26:30).

373. אִיעֶזְרִי ['Îy'ezrîy][1회] 이에즈리

명 372에서 유래한 족속의 명칭: 이에셀인, 이에셀의 자손, 이에셀 족속.

☞**이에셀 종족**(민26:30).

374. אֵיפָה ['êyphâh][140회] 에파

명 여 단축형 אֵפָה, 애굽어에서 유래됨: '에바'[곡식의 측량 단위, 한 에바는 열 호멜에 상당함, 출16:36].

☞**에바**(출16:36, 삼상1:24, 슥5:10), **되**(신25:14,15), **말**(잠20:10).

375. אֵיפֹה ['êyphôh][10회] 에포

부 [의문부사]. 335와 6311에서 유래:

1) 어디?, 사49:21, 룻2:19.
2) 어떻게~?, 삿8:18.
3) 언제.
4) [간접 의문사로 쓰일 경우] 렘36:19.

☞**어떠한**(삿8:18).

376. אִישׁ ['Îysh][2179회] 이쉬

명 남 연계형 과 어미동일, 활용 אִישִׁי, אִישֵׁךְ, אִשָּׁה, 복수 אִישִׁים, נָשִׁים, 복수 연계형 אַנְשֵׁי, 복수 어미 활용 אֲנָשָׁיו, אַנְשֵׁיהֶם; 582의 단축형, 605에서 유래:

1) 사람.
① 남자, 창4:1.
② 남편, 룻1:11.
③ 젊은 남자.
④ 남자같은 마음, 용기, 삼상4:9.
⑤ 인간[신에 대비되는], 욥9:32.
⑥ [동격으로 이루어진 합성어]
㉠ אִישׁ סָרִים 내시, 렘38:7.
㉡ אִישׁ כֹּהֵן 제사장, 레21:9.
⑦ 거주자, 시민[성, 국가, 민족의 소유격이 수반됨], 삼상7:11.
⑧ 친구, 추종자[소유격 수반됨], 삼상23:3.
⑨ 하나님의 사람[태도와 관련됨], 신33:1.
⑩ [어떤 속성을 드러내는 소유격과 함께

쓰임] אַנְשֵׁי לֵבָב 지성적인 사람.
⑪ 군인[집합적인 의미로 쓰임], 사21:9.
⑫ 고상한 사람.
2) 하나, 또 다른.
3) 어떤 사람, 창13:16.
4) 각자, 각 사람, 왕상20:20.
5) [비인격적인 의미로 쓰이는 경우], 삼상9:9.
6) [인간에 대한 완곡한 표현] 사람의 아들들 בְּנֵי אִישׁ, 시4:2; [반대의 뜻으로] בְּנֵי אָדָם, 시49:3(2).
☞**남자**(창2:23, 신22:22, 렘44:7), **사람**(창4: 23, 삼상20:15, 겔9:2), **남편**(창3:6, 신25:11, 삼상25:19), **농사**(창9:20), **임자**(창38:25, 출22:14), **청지기**(창43:19), **각 사람**(창49:28), **양쪽**(출18:16), **백성**(출33:10, 삼하16:15), **아무**(출34:3, 레21:9, 시49:7), **쌍방**(신1:16), **노인**(신32:25, 삼하19:17), **명**(수7:3, 삿1:4), **하나**(삼하16:5, 왕상18:40), **인생**(욥12:10, 시4: 2, 렘52:7), **시체**(왕하13:21). **[부] 서로**(창11: 3), **피차**(창31:49), **아무든지**(출16:19), **무릇**(출30:33, 레21:17), **균등하게**(레7:10), **누구든지**(레13:40, 17:3, 신22:13).

377. אִישׁ ['Îysh][1회] 이쉬
동 376에서 유래한 동사[명사 유래어], 힛파엘형에서만 동사로 쓰임.
הִתְאוֹשֵׁשׁ: 남자같이 행동하다, 사46:8.
☞**장부가 되다**(사46:8).

378. אִישׁ־בֹּשֶׁת ['Îysh-Bôsheth][11회] 이쉬 보쉐트
고명 376과 1322에서 유래; 부끄러워하는 자: 사울의 아들로서 그의 아버지와 형제들이 죽은 후 2년 동안 다윗에 반대하는 11지파를 다스렸던 사람 '이스보셋', 삼하2:8.
☞**이스보셋**(삼하2:8).

379. אִישְׁהוֹד ['Îyshhôwd][1회] 이쉬호드
고명 남 376과 1935에서 유래; 영광스러운 사람: 한 이스라엘 사람 '이스훗', 대상7:18.
☞**이스훗**(대상7:18).

380. אִישׁוֹן ['îyshôwn][5회] 이숀
명 남 376에서 유래:
1) ① 어린 아이, 신32: 10.
② 눈동자[עַיִן이 수반되는 경우], 학생, 잠7:2.
2) [비유적 표현] 어떤 것의 한가운데['밤의 눈동자에'는 '한 밤에'로 쓰임, 잠7:9].
☞**눈동자**(신32:10, 시17:8, 잠7:2), **흑암**(잠7:9, 20:20).

381. אִישׁ־חַיִל ['Îysh-Chayil][1회] 이쉬하일
명 376과 2428에서 유래:
1) 능력의 사람.
2) 필사의 오기.
376과 2416에서 유래된 경우:
1) 살아있는 사람.
2) 용사.
☞**용사**(삼하23:20).

382. אִישׁ־טוֹב ['Îysh-Tôwb][1회] 이쉬토브
고명 376과 2897에서 유래; 돕의 사람: 팔레스틴의 한 장소 '이스돕'.
*אִישַׁי ['Îshay] 이샤이
아람어 יִשַׁי 대신 사용됨, 대상2:13, 3448 참조.
*אִיתוֹן ['îthôwn] 이톤
명 남 אִיתוֹן 대신 사용됨, 겔40:15, 857에서 유래, 2978 참조.
☞**돕**(삼하10:8).

383. אִיתַי ['îythay][138회] 이타이
아람어 동 히브리어 יֵשׁ와 동일, 긍정의 불변사로만 쓰임:
1) '있다', 단5:11.
2) ~이다.
① אִיתוֹהִי 그는 ~이다, 단2:11.
② אִיתָנָא 우리는 ~이다, 단3:18.
3) ~하다.

384. אִיתִיאֵל ['Îythîy'êl][3회] 이티엘
고명 837과 410에서 유래; 하나님께서 임하셨다, 잠30:1: 우갈과 함께 아굴의 자녀이거나 제자였던 사람 '이디엘'.
☞**이디엘**(잠30:1).

385. אִיתָמָר ['Îythâmâr][21회] 이타마르
고명 339의 8858에서 유래; 종려나무의 땅: 아론의 막내 아들 '이다말', 출6:23.
☞**이다말**(출6:23, 민3:2).

386. אֵיתָן ['êythân][14회] 에탄
형 단축형은 יָתַן, '계속하다'는 의미의 어원에서 유래 [사용되지 않음]:
1) 연중 끊이지 않는[주로 물에 대해 사용], 신21:4.
2) 확고한, 타당한, 렘5:15.
3) 힘든, 유해한, 무서운, 잠13:15.
4) 바위[명사], 미6:2.
☞**굳센**(창49:24), **견고한**(민24:21, 렘49:19, 미6:2), **험한**(잠13:15), **강한**(렘5:15). **[명] 세력**

(출14:27), **권력**(욥12:19), **징계**(욥33:19).

387. אֵיתָן ['Êythân][8회] **에탄**

고명 386과 동일; 영원한, 현명한: 네 이스라엘 사람의 이름 '에단', 시89편의 제목.

☞**에단**(시89편 제목).

388. אֵיתָנִים [Êythânîym][1회] **에타님**

고명 항상 관사와 함께 사용됨, 386의 복수형; 영원히 흐르는: 달의 이름 '에다님'.

☞**에다님**(왕상8:2).

389. אַךְ ['ak][161회] **아크**

부 אָכֵן의 단축형, 3559에서 유래:

1) 확실히, 의심의 여지없이, 창44:28.

2) 오직, 출10: 17.

① [형용사 앞에서] '오직' 혹은 '전혀'의 뜻을 갖는다, 사16:7.

② [명사 앞에서] 단지, 시39:12(11).

③ [부사와 동사 앞에서] 전혀, 삼상25:21.

3) 다만, 그러나, 창20:12.

4) 방금, 가까스로, 창27:30.

☞**분명히**(창26:9, 출31:13), **참으로**(창29:14, 렘10:19), **과연**(애2:16), **어찌하여**(왕하5:7).

390. אַכַּד ['Akkad][1회] **악카드**

고명 '강하게 하다'라는 뜻의 어원에서 유래 [사용되지 않음]; 요새: 니므롯이 바벨론에 세운 성의 이름 '악갓', 창10:10.

☞**악갓**(창10:10).

391. אַכְזָב ['akzâb][2회] **아크자브**

형 3576에서 유래; 거짓의, 기만적인 [특히 '기만적인 강' נָחַל אַכְזָב에 쓰임: 이 강은 사막으로 흐르다 도중에 메말라버리는 강임, 렘15:18; 한편 끊임없이 흐르는 강은 אֵיתָן으로 표현됨].

☞**속이는**(렘15:18, 미1:14).

392. אַכְזִיב ['Akzîyb][4회] **아크지브**

고명 391에서 유래; 속이는[여름에 흐르지 않고 겨울 급류한 의미에서]:

1) 아코와 두로 사이의 해안가에 있는 아셀지파의 마을 '악십', 수19:29.

2) 유다지파에 속한 마을 '악십', 수15:44.

☞**악십**(수15:44, 19:29).

393. אַכְזָר ['akzâr][4회] **아크자르**

형 '깨뜨리다'라는 의미의 어원에서 유래[사용되지 않음]:

1) 격렬한.

2) 대담한, 욥41:2(10).

3) 거치른, 잔인한, 욥30:21.

4) 흉포한, 맹렬한, 신32:33.

☞**맹(독)**(신32:33), **담대한**(욥41:10), **잔인한**(애4:3), **[부] 잔혹하게**(욥30:21).

394. אַכְזָרִי ['akzârîy][8회] **아크자리**

형 393과 동일:

1) 거치른, 잔인한, 잠5:9.

2) 흉포한, 야만적인, 잠17:11.

☞**잔인한**(렘30:14, 잠5:9, 잠11:17, 17:11), **[명] 잔인**(잠12:10), **[부] 잔혹히**(사13:9).

395. אַכְזְרִיּוּת ['akzeriyûwth][1회] **아크제리유트**

명 여 3984에서 유래: 잔인성, 사나움, 잠27:4.

☞**잔인**(잠27:4).

396. אֲכִילָה ['ăkîylâh][1회] **아킬라**

명 여 398에서 유래:

1) 먹을 수 있는 것.

2) 음식, 식사, 왕상19:8.

☞**음식물**(왕상19:8).

397. אָכִישׁ ['Âkîysh][21회] **아키슈**

고명 אָכָשׁ라는 어원에서 유래: 가드 성에 있던 블레셋 왕 '아기스', 삼상21:11.

☞**아기스**(삼상21:11).

398. אָכַל ['âkal][807회] **아칼**

원형 연계형 אֱכֹל, 전치사 활용형 לֶאֱכֹל, בֶּאֱכֹל,어미활용 אֲכָלְךָ, יֹאכַל, 미완료형 יֹאכַל:

1) 먹다, 신27:7.

① [땅의 산물을 먹는 경우], 사1: 7.

② [제물을 먹는 경우], 겔16:20.

③ [음식을 먹는 경우], 왕상21:7.

④ [성전 연회에서 먹는 경우], 신12:7.

⑤ [살을 먹는 경우: 잔인하고 흉포한 적에 대해 사용], 시27:2.

⑥ [자기의 살을 먹는 경우: 시기심으로 가득찬 어리석은 사람에 대해 사용], 전4:5.

⑦ [백성을 먹는 경우: 백성의 재물을 빼앗고 그들을 억압하는 왕에 대해 사용], 합3:14.

⑧ [어떤 사람의 교훈을 먹는 경우: 열심히 경청하는 것을 나타냄].

2) 먹어치우다, 없애다[비생물적인 것에 대해 사용], 민16:35.

3) 즐기다, 욥21:25.

4) 맛을 보다, 신4:28.

5) 줄이다, 겔42:5.
니팔형 נֶאֱכַל, 미완료형 יֵאָכֵל:
1) 먹여지다, 출12:46, 13:3,7.
2) 먹기에 적합하다, 창6:21.
피엘형 אִכֵּל: 먹어치우다, 삼키다, 욥20:26.
푸알형:
1) 불에 타다, 느2:3,13.
2) 칼에 삼키다, 사1:20.
히필형 הֶאֱכִיל, 미완료형 יַאֲכִיל, 부정사 הַכִיל: 먹게 하다, 소모케 하다, 출16:32, 민11:18, 신8:16, 사49:26.
☞**먹다**(창3:11, 신12:15, 레6:16), **잡수시다**(창27:10,19), **무릅쓰다**(창31:40), **잡아먹다**(창37:20), **삼키다**(레26:38, 민21:28), **진멸하다**(신7:16), **죽다**(삼하18:8), **맛보다**(욥21: 25), **불사르다**(렘5:14), **살라지다**(시78:63, 렘49:27), **소멸되다**(사10:17), **타다**(겔19:12, 나3:13), **태우다**(겔19:14, 왕상18:38), **멸하다**(겔20:47, 암5:6), **삼키다**(호7:9), **먹이다**(창31:54, 출16:8), **식사하다**(삼상20:5), **대접하다**(출2:20), **소멸하다**(민16:35, 신4:24), **상하다**(삼하2:26), **망하다**(겔7:15), **맹렬하다**(출24:17, 신9:3), **불타다**(느2:3,13), **사라지다**(출3:2), **기르다**(사58:14), **멸절하다**(겔21: 28), **넣다**(겔3:3). **[명] 식사**(왕상21:4), **양식**(창47:24), **먹을 것**(레25:7, 시59:15), **음식**(창39:6, 신18:8, 삼하19:35). **[부] 임의로**(창2:16), **결단코**(레7:24), **조금**(삼하19:42, 레7: 18), **풍족히**(욜2:26).

399. אֲכַל ['ăkal][7회] 아칼
아람어 동 미완료 דֵּיאכֻל, 398과 동일: 먹다.
☞**참소하다**(단3:8, 6:24), **먹다**(단7:5, 4:33, 7:19), **삼키다**(단7:23).

400. אֹכֶל ['ôkel][44회] 오켈
398의 능동태 분사형: אֲבִי־עַלְבוֹן
1) 먹기, 먹음, 출12:4.
2) 음식.
① 곡물로 된 음식, 창14:11.
② 포획된 먹이, 욥9:26.
☞**양식**(창14:11, 레25:37, 신2:6), **먹을 것**(시104:27), **곡물**(창41:35, 44:25). **[동] 먹다**(레11:34), **식사하다**(룻2:14), **먹이를 살피다**(욥39:29).

401. אֻכָל ['Ûkâl][1회] 우칼
고명 398에서 유래된 것으로 보임; 삼키운: 어떤 가상인들의 이름 '우갈', 잠30:1.
☞**우갈**(잠30:1).

402. אָכְלָה ['oklâh][18회] 오클라
명 여 401의 여성형, 398에서 유래된 것으로 보임:
1) 음식, 창1:29.
2) 먹이.
① 야수들의 먹이, 렘12:9.
② 땔감, 연료, 겔15:4.
☞**먹을 것**(레11:39, 25:7), **사름**(겔23:37), **삼킴**(렘12:9, 겔35:12), **땔감**(겔15:4,6), **먹을거리**(창1:29, 겔34:10), **양식**(출16:15), **섶**(겔21:32), **밥**(겔34:5,8).

403. אָכֵן ['âkên][18회] 아켄
부 3559에서 유래:
1) 확실히, 창28:16.
2) 그러나, 그럼에도 불구하고, 사49:4.
☞**과연**(창28:16), **진실로**(삼상15:32, 사45:15, 렘4:10), **실로**(시66:19, 사40:7), **참으로**(사49:4, 렘3:20, 렘3:23, 8:8).

404. אָכַף ['âkaph][1회] 아카프
원형 1) 짐을 싣다, 등이 구부러지게 하다.
2) 일하게 하다, 강요하다.
☞**독촉하다**(잠16:26).

405. אֶכֶף ['ekeph][1회] 에케프
명 남 404에서 유래:
1) 짐.
2) 권위, 위엄[비유적으로 쓰임], 욥33:7.
☞**위엄**(욥33:7).

406. אִכָּר ['ikkâr][7회] 익카르
명 남 '파다'라는 의미의 어원에서 유래(사용되지 않음): 땅을 파는 사람, 농부, 암5:16.
☞**농부**(대하26:10, 사61:5, 암5:16), **밭가는 자**(렘14:4).

407. אַכְשָׁף ['Akshâph][3회] 아크샤프
고명 3784에서 유래; 매혹: 아셀 지파에 속한 마을 '악삽', 수12:20.
☞**악삽**(수12:20).

408. אַל ['al][725회] 알
부 접 명 1) [명사로 쓰일 경우] 아무것도 아닌 것, 없음[nothing], 욥24:25.
2) [부사로 쓰일 경우] ~아니다, 시34:6(5).
3) [부정 접속사가 가장 많이 쓰임] ~하지 않게 하다[אַל־יֵצֵא אִישׁ, 어느 누구도 나가지 않게 하다], 출16:29.
4) 의문사[부정의 대답이 기대될 때 쓰임], 삼상27:10.

☞**아니~**(삼상27:10), **헛되게**(욥24:25), **못~**(왕하9:15), **알다스헷**(시57편 표제).

409. אַל ['al][4회] 알

아람어 408과 동일: ~아니다, 단2:24, 4:16(19).

410. אֵל ['êl][235회] 엘

명 남 352의 압축형:

1) 강한[형용사], 영웅.

2) 힘, 능력, 창31:39.

3) 신.

① [항상 어떤 종속어가 수반됨], 창33:20.

② [종속어가 쓰이지 않는 경우: 시어로 자주 쓰이는데 이 때는 종속어가 쓰이지 않음], 시18:3(2).

③ [1인칭 접미어가 붙는 경우], 시18:3.

④ [일반적인 신을 나타내는 경우: 우상도 포함], 사44:10.

복수 אֵלִים:

1) 영웅들, 강한 자들.

2) 신들, 출15:11.

☞**하나님**(창14:18, 삼하22:31, 사45:14), **능력**(창31:29), **엘엘로헤이스라엘**(창33:20), **신**(출15:11, 34:14, 신3:24), **힘**(신28:32, 느5: 5, 잠3:27), **권능자**(시29:1), **임마누엘**(사7: 14, 8:8), **강한 자**(겔32:21), **벧엘**(렘48:13, 슥7:2). **[형] 능하다**(겔31:11).

411. אֵל ['êl][8회] 엘

대 복수로 쓰임, אֵלֶּה와 동일한 뜻: 이것들 혹은 저것들[모세 오경과 대상 20:8에서만 발견됨].

412. אֵל ['êl][1회] 엘

아람어 대 411과 동일: 이것들.

413. אֶל ['el][5464회] 엘

전 연계형 אֶל로만 사용됨, 복수 연계형 אֱלֵי, 복수어미활용 אֵלַי, אֵלֶיךָ, אֵלָיו, אֵלֵינוּ, אֲלֵיהֶם, אֲלֵיכֶם:

1) [전치사] 어떤 것을 지향하다, 어떤 곳을 향하다.

① [한 장소로의 운동: '가다'는 동사와 함께 쓰임] ~으로, ~을 향해, 삼상6:11.

② [어떤 것에 대한 전환] ~으로, 사38:2.

③ [운동이나 전환이 적대적일 때] ~에 반하여, 창4:8.

④ [어떤 점이나 표시까지 도달할 경우] ~까지, ~까지도, 렘51:9.

⑤ [어떤 경계 안으로 들어갈 때] ~안으로, 신23:25(24).

⑥ ~이외에도, 레18:18.

⑦ ~에 관하여, 출14:5.

⑧ ~에 따라서, 수15:13.

2) [어떤 사람이 바라는 한 장소에 머무를 때 사용]

① ~곁에, ~근방에, 삼상17:3.

② ~안에서, ~가운데, 신16:6.

☞**~에게, ~향하여, ~안으로, ~으로, 대하여**(창30:40, 삼상3:12, 렘22:11), **때문에**(삼상4:21), **[부] 서로**(렘36:16).

414. אֵלָא ['Êlâ'][1회] 엘라

고명 남 424의 어미 변화형; 상수리나무: 한 이스라엘 사람 '엘라', 왕상4:18.

☞**엘라**(왕상4:18).

415. אֵל אֱלֹהֵי יִשְׂרָאֵל ['Êl 'ĕlôhêy Yisrâ'êl][1회] 엘 엘로헤 이스라엘

고명 410과 430과 3478에서 유래; 이스라엘의 전능하신 하나님: 야곱에 의해 성별된 장소에 대해 붙여진 이름 '엘 엘로헤 이스라엘', 창33:20.

☞**엘엘로헤이스라엘**(창33:20).

416. אֵל בֵּית־אֵל ['Êl Bêyth-'Êl][1회] 엘 베트엘

고명 410과 1008에서 유래; 벧엘의 하나님: 야곱에 의해 성별된 장소에 붙여진 이름 '엘 벧엘', 창31:13.

☞**엘벧엘**(창31:13).

417. אֶלְגָּבִישׁ ['elgâbîysh][3회] 엘가비쉬

명 남 410과 1378에서 유래: [큰 진주같은] 우박, 겔13:11.

☞**우박덩이**(겔13:11,13, 38:22).

418. אַלְגּוּמִּים ['algûwmmîym][3회] 알굼밈

명 484의 도치형. 복수: 백단향 나무로 된 지팡이들.

☞**백단목**(대하2:8, 9:10,11).

419. אֶלְדָּד ['Eldâd][2회] 엘다드

고명 남 410과 1730에서 유래; 하나님이 사랑하는 자: 한 이스라엘 사람, '엘닷', 민11:26,27.

☞**엘닷**(민11:26,27).

420. אֶלְדָּעָה ['Eldâ'âh][2회] 엘다아

고명 410과 3045에서 유래; 하나님이 부

르신 자: 미디안의 아들 '엘다아', 창25:4.
☞**엘다아**(창25:4).

421. אָלָה ['âlâh]1회 알라
원형 1) 둥글게 되다.
2) 살찌다.
☞**애곡하다**(욜1:8).

422. אָלָה ['âlâh]6회 알라
원형 1) 맹세하다, 왕상8:31.
2) 저주하다, 삿17:2.
3) 울부짖다, 통곡하다, 욜1:8.
히필형: 어떤 사람으로 하여금 맹세하게 하다.
☞**저주하다**(삿17:2), **맹세시키다**(왕상8:31, 대하6:22). **[명] 저주**(호4:2), **맹세**(호10:4).

423. אָלָה ['âlâh]30회 알라
명 여 422에서 유래:
1) 맹세, 느10:30(29).
2) 언약[맹세에 의해 확인된], 창26:28.
3) 저주, 민5:21.
☞**저주**(민5:21, 신29:20, 느10:29), **저줏거리**(민5:21, 렘29:18), **맹세**(창24:41, 신29:14, 겔16:59). **[동] 맹세시키다**(왕상8:31, 대하6: 22), **맹세하다**(왕상8:31, 잠29:24), **저주하다**(욥31:30).

424. אֵלָה ['êlâh]17회 엘라
명 여 352의 여성형:
1) 강하고 단단한 나무.
2) 상수리나무[수명이 길고 팔레스틴 땅에 널리 분포되어 있기 때문에 종종 지명을 나타내는 데 쓰이기도 함].
☞**상수리나무**(창35:4, 삼하18:9, 대상10:12), **엘라**(삼상17:2,19).

425. אֵלָה ['Êlâh]13회 엘라
고명 여 352의 여성형: 1)한 에돔인과 네 이스라엘 사람의 이름 '엘라'. 2)팔레스틴의 한 장소 이름 '엘라'.
☞**엘라**(왕하15:30, 대상4:15).

426. אֱלָהּ ['ĕlâhh]95회 엘라흐
명 강조형으로 쓰임, 연계형 אֱלָהָא, 복수 אֱלָהִין, 410에서 유래한 강조의 연계형:
1) 신, 하나님, 단3:28.
2) 여호와[강조의 연계형으로 쓰일 때], 단2:20.
3) [복수형일 때] 신들.
☞**하나님**(스4:24, 단5:18, 6:26). **신**(렘10:11, 단2:11, 3:15), **신상**(단5:23).

427. אַלָּה ['allâh]1회 알라
명 여 424의 어미 변화형: 상수리나무.
☞**상수리나무**(수24:26).

428. אֵלֶּה ['êl−leh]745회 엘레
대[지시대명사]. 복수. 단수 זֶה의 복수형으로 쓰임, 간혹 אֵל이라는 단순형으로 쓰이기도 함. 411에서 유래한 연장형:
1) 이들, 저들.
2) 그렇게, 그같은.
☞**서로**(왕상20:29), **피차**(대상24:5).

429. אֵלֶּה ['êlleh]1회 엘레
아람어 428과 일치: 이[것]들.
*אֱלֹהַּ ['ĕlôahh] 엘로흐
433 참조.

430. אֱלֹהִים ['ĕlôhîym]2603회 엘로힘
명 남 433의 복수형:
1) 신들[통상적인 의미].
2) [특별히] 신과 같은 모습, 삼상28:13.
3) 유일하고 참된 하나님[대개 관사 הָ와 함께 쓰일 경우], 신4:35, 왕상18:21.
4) 높은 관리[종종 경의를 표하는 뜻에서 사용됨].
5) 천사들, 신들, 위대한 자, 능한 자[최상급으로 쓰일 때].
☞**하나님**(창1:1, 시109:1, 욘4:6), **엘엘로헤 이스라엘**(창33:20), **신상**(창35:2, 출20:23, 신7:25), **신**(출7:1, 신4:34, 삼상17:43), **재판장**(출21:6), **여호와**(레21:7), **여신**(왕상11:5).

431. אֲלוּ ['ălûw]5회 알루
아람어 동 אֲרוּ의 약형: 보라, 단2:31, 4:7(10), 7:8.
☞**보다**(단2:31, 4:10, 7:8).

432. אִלּוּ ['illûw]2회 일루
접 אִם과 לוּ의 합성어의 연계형: 만일 ~이면, 그러나 만일 ~이면, 전6:6, 에7:4.
☞**만일**(에7:4), **비록**(전6:6).

433. אֱלוֹהַּ ['ĕlôwahh]57회 엘로아흐
명 410에서 유래한 강조의 연계형:
1) 신성, 출12:12.
2) 참된 하나님, 신32:15.
3) 신, 단11:37.
4) 왕, 시82:1.
☞**하나님**(신32:15, 욥19:6, 합3:3), **신**(대하32:15, 사44:8, 단11:39).

434. אֱלוּל ['ĕlûwl]457회 엘룰
형 명 457 참조: 헛된[אֱלִיל과 같은 뜻], 아무짝에도 몹쓸, 렘14:14.
☞**쓸모 없는**(욥13:4), **허무한**(시97:7), **헛된**(렘

14:14), **못된**(슥11:17). **[명] 헛것**(레19:4, 대상 16:26, 시96:5), **우상**(레26:1, 사2:8, 겔30:13), **신상**(사10:10,11).

435. אֱלוּל ['Ĕlûwl][1회] **엘룰**

명 외래어에서 파생된 것으로 보임: 유대력의 제6월[9월 초순부터 10월 초순에 이르는 기간], 느6:15.

☞**엘룰**(느6:15).

436. אֵלוֹן ['êlôwn][8회] **엘론**

명 남 352에서 유래한 연계형:

1) 강하고 단단한 나무.

2) [특히] 상수리나무, 창12:6, 13:18, 14:13.

고명 남 스불론의 아들 '엘론', 창46:14.

☞**상수리나무**(창12:6, 신11:30, 삿9:37), **상수리**(창13:18, 14:13, 18:1).

437. אַלּוֹן ['allôwn][3회] **알론**

명 남 436의 어미 변화형: 상수리나무[אֵלָה와 같은 뜻], 창35:8, 겔27:6.

☞**상수리나무**(창35:8, 사2:13, 슥11:2).

438. אַלּוֹן ['Allôwn][2회] **알론**

고명 남 437과 동일:

1) 이스라엘 사람의 이름 '알론', 대상4:37.

2) 팔레스틴의 한 장소 '알론', 수19:33.

☞**알론**(수19:33).

439. אַלּוֹן בָּכוּת ['Allôwn Bâkûwth][1회] **알론 바쿠트**

고명 437과 1068의 어미변화형에서 유래; 통곡의 상수리나무: 기념나무 '알론바굿'.

☞**알론바굿**(창35:8).

440. אֵלוֹנִי ['Êlôwnîy][1회] **엘로니**

명 438에서 유래한 족속의 명칭:

1) 엘론인.

2) 엘론의 자손[집합적인 의미].

3) 엘론 자손.

441. אַלּוּף ['allûwph][69회] **알루프**

형 502, 505에서 유래:

1) 친밀한, 잠16:28, 17:9, 미7:5.

2) 온유한, 순한, 렘11:19.

명 1) 황소[암소에 대비하여 사용되기도 함, 시144:14].

2) 가정 혹은 족장, 창36:15, 대상1:51.

3) 지도자, 렘13:21.

☞**족장**(창36:15, 대상1:51,54), **두령**(출15:15), **친우**(시55:13), **수소**(시144:14), **짝**(잠2:17), **벗**(잠16:28, 17:9), **보호자**(렘3:4), **우두머리**(렘13:21), **이웃**(미7:5), **지도자**(슥9:7, 12:5,6).

442. אָלוּשׁ ['Âlûwsh][2회] **알루쉬**

고명 어원이 불확실한 파생어: 이스라엘의 한 지명 '알루스'[사막에 위치한 곳], 민33:13. [주] 탈무드에는 '수많은 사람'이란 뜻으로 사용됨.

☞**알루스**(민33:13).

443. אֶלְזָבָד ['Elzâbâd][2회] **엘자바드**

고명 410과 2064에서 유래; 하나님이 주셨다: 이스라엘 사람의 이름 '엘사밧', 대상26:7, 12:12.

☞**엘사밧**(대상26:7, 12:12).

444. אָלַח ['âlach][3회] **알라흐**

동 칼형으로는 사용되지 않음: 뒤섞다.

니팔형 נֶאֱלַח: 부패해지다[도덕적인 의미로 사용됨], 시14:3, 53:4(3), 욥15:16.

☞**더럽다**(시14:3, 53:3), **부패하다**(욥15:16).

445. אֶלְחָנָן ['Elchânân][4회] **엘하난**

고명 410과 2603에서 유래; 하나님은 은혜로우시다: 다윗의 장군 중 한 사람 '엘하난', 삼하21:19, 23:24.

☞**엘하난**(삼하21:19, 23:24).

446. אֱלִיאָב ['Ĕlîy'âb][21회] **엘리아브**

고명 410과 1에서 유래; 아버지의 하나님:

1) 스불론 지파의 한 우두머리 '엘리압', 민1:9, 2:7.

2) 다윗의 형제 '엘리압, 삼상16:6, 17:13,28.

3) 그외 이스라엘 사람들.

① 민16:1.

② 대상16:5.

☞**엘리압**(민1:9, 2:7, 삼상16:6, 17:13, 대상16:5).

447. אֱלִיאֵל ['Ĕlîy'êl][10회] **엘리엘**

고명 410의 중복형; 나의 하나님은 능력이시다:

1) 다윗의 두 용사 '엘리엘'.

① 대상11:46.

② 대상12:11.

2) 므낫세 지파의 한 우두머리, 대상5:24.

3) 베냐민 지파의 한 우두머리, 대상8:20.

4) 그외 이스라엘 사람의 이름들.

① 대상8:22.

② 대상15:9,11.

③ 대하31:13.

☞**엘리엘**(대상5:24, 8:20, 11:46, 15:9, 대하31:13).

448. אֱלִיאָתָה ['Ĕlîy'âthâh][1회] **엘리아타**
고명 410과 225에서 유래; 하나님께서 찾아오심: 한 이스라엘 사람의 이름 '엘리아다', 대상25:4.
☞**엘리아다**(대상25:4).

449. אֱלִידָד ['Ĕlîydâd][1회] **엘리다드**
고명 419와 동형에서 유래; 하나님이 사랑하심: 베냐민 지파에 속한 한 사람의 이름 '엘리닷', 민34:21.
☞**엘리닷**(민34:21).

450. אֶלְיָדָע ['Elyâdâ'][4회] **엘야다**
고명 410과 3045에서 유래; 하나님이 돌보심:
1) 다윗의 아들 '엘리아다', 삼하5:16.
2) 한 아람인 지도자의 이름 '엘리아다', 왕상11:23.
3) 베냐민 지파에 속한 용사의 이름, 대하17:17.
☞**엘리아다**(왕상11:23, 대하17:17).

451. אַלְיָה ['alyâh][5회] **알야**
명 422에서 유래: 두텁게 살이 찐 양의 꼬리 [특히 동방에서 기르는 양의 꼬리].
☞**꼬리**(출29:22, 레3:9, 9:19).

452. אֵלִיָּה ['Êlîyâh][8회] **엘리야**
고명 연장형은 אֵלִיָּהוּ, 410과 3050에서 유래; 나의 하나님은 여호와이시다:
1) 아합 왕 시대에 많은 기적을 행하다 살아서 하늘에 올라간 선지자 '엘리야', 왕하2:6.
2) 두 이스라엘 사람의 이름.
① 대상8:27.
② 스10:21, 26.
☞**엘리야**(왕하2:6, 대상8:27, 스10:21, 26).

453. אֱלִיהוּא ['Ĕlîyhûw'][4회] **엘리후**
고명 410과 1931에서 유래; 그의 하나님:
1) 욥의 한 친구 '엘리후', 욥32:2,4.
2) 두 이스라엘 사람의 이름.
① 삼상1:1.
② 대상12:20.
☞**엘리후**(삼상1:1, 대상12:20, 욥32:2, 4).

454. אֶלְיְהוֹעֵינַי ['Elyehôw'êynay][9회] **엘예호에나이**
고명 단축형은 אֶלְיְהוֹעֵינַי, 413과 3068과 5869에서 유래; 여호와를 향하여 나의 눈물을 드리나이다: 일곱 명의 이스라엘 사람 이름
① 스8:4.
② 대상26:3.
③ 대상3:23.
④ 대상4:36.
⑤ 대상7:8.
⑥ 스10:22.
⑦ 스10:27.
☞**엘료에네**(대상4:36, 7:8, 26:3, 스8:4, 10:22).

455. אֶלְיַחְבָּא ['Elyachbâ'][2회] **엘야흐바**
고명 410과 2244에서 유래; 하나님이 감추신다: 다윗의 용사 중 한 사람 '엘리아바', 삼하23:32.
☞**엘리아바**(삼하23:32).

456. אֱלִיחֹרֶף ['Ĕlîychôreph][1회] **엘리호레프**
고명 410과 2779에서 유래; 보상의 하나님: 한 이스라엘인의 이름 '엘리호렙', 왕상4:3.
☞**엘리호렙**(왕상4:3).

457. אֱלִיל ['ĕlîyl][20회] **엘릴**
형 408에서 유래:
1) 아무 것도 없는, 헛된, 대상16:26, 시96:5. [주] 복수형으로 쓰일 때는 '우상'의 뜻을 지님, 레19:4, 26:1.
2) [명사로 쓰일 경우] 헛됨, 약함, 욥13:4.
☞**쓸모 없는**(욥13:4), **허무한**(시97:7), **헛된**(렘14:14). **[명] 헛것**(레19:4, 대상16:26, 시96 :5), **우상**(레26:1, 사2:8, 겔30:13), **신상**(사10 :10,11).

458. אֱלִימֶלֶךְ ['Ĕlîymelek][6회] **엘리멜레크**
고명 410과 4428에서 유래; 왕이 되시는 하나님: 사사시대의 한 이스라엘 사람의 이름 '엘리멜렉', 룻1:2, 2:1.
☞**엘리멜렉**(룻1:2, 2:1).

459. אִלֵּין ['illêyn][5회] **일렌**
아람어 대 중 복수 단축형은 אִלֵּן, 412에서 유래: 이[것]들, 단2:44, 6:7(6).

460. אֶלְיָסָף ['Ĕlyâçâph][6회] **엘야싸프**
고명 남 410과 3254에서 유래; 더해 주시는 하나님:
1) 갓 지파의 한 우두머리 '엘리아삽', 민1:14, 2:14.
2) 한 이스라엘인의 이름 '엘리아삽', 민3:24.
☞**엘리아삽**(민1:14, 2:14, 3:24).

461. אֱלִיעֶזֶר ['Ĕlîy'ezer][14회] **엘리에제르**
고명 남 410과 5828에서 유래; 도움의 하나님:
1) 이삭과 이스마엘이 출생하기 전 아브라함

א

이 자기의 상속자로 삼으려던 다메섹 사람의 이름 '엘리에셀', 창15:2.
2) 모세의 아들, 출18:4.
3) 그외 이스라엘 사람들의 이름.
① 대상7:8.
② 대상27:16.
③ 대상15:24.
④ 대하20:37.
⑤ 스8:16.
⑥ 스10:18.
⑦ 스10:23,31.
☞**엘리에셀**(창15:2, 출18:4, 대상7:8, 15:24, 대하20:37, 스8:6, 10:18,23,31).

462. אֱלִיעֵינַי ['Ĕlîy'êynay][1회] **엘리에나이**
고명 남 אֱלִיעֵינַי의 연계형으로 생각됨: 한 이스라엘 사람의 이름 '엘리에내', 대상8:20.
☞**엘리에내**(대상8:20).

463. אֱלִיעָם ['Ĕlîy'âm][2회] **엘리암**
고명 남 אֱלִיאָם이나 אֱלִיאָב로도 쓰임, 410과 5971에서 유래; 백성의 하나님: 밧세바의 아버지 '엘리암', 삼하11:3. [주] עַמִּיאֵל로도 불림, 대상3:5.
☞**엘리암**(삼하11:3, 대상3:5).

464. אֱלִיפַז ['Ĕlîyphaz][15회] **엘리파즈**
고명 남 410과 6337에서 유래; 힘의 하나님:
1) 에서의 아들 '엘리바스', 창36:4.
2) 욥의 세 친구 중 하나인 '엘리바스', 욥2:11.
☞**엘리바스**(창36:4, 욥2:11).

465. אֱלִיפָל ['Ĕlîyphâl][1회] **엘리팔**
고명 남 410과 6419에서 유래; 심판의 하나님: 한 이스라엘 사람의 이름 '엘리발', 대상11:35.
☞**엘리발**(대상11:35).

466. אֱלִיפְלֵהוּ ['Ĕlîyphelêhûw][2회] **엘리펠레후**
고명 남 410과 6395에서 유래; 구별하시는 하나님: 한 이스라엘 사람의 이름 '엘리블레후', 대상15:18,21.
☞**엘리블레후**(대상15:18,21).

467. אֱלִיפֶלֶט ['Ĕlîypheleṭ][8회] **엘리펠레트**
고명 남 410과 6405에서 유래; 구원의 하나님: 이스라엘 사람의 이름 '엘리벨렛', 대상3:6, 14:7.
[주] 대상14:5에서는 אֶלְפֶּלֶט로 쓰임.
☞**엘리벨렛**(대상3:6, 14:7).

468. אֱלִיצוּר ['Ĕlêytsûwr][5회] **엘리추르**
고명 남 410과 6697에서 유래; 바위와 같으신 하나님: 한 이스라엘 사람의 이름 '엘리술', 민1:5, 2:10, 7:30.
☞**엘리술**(민1:5, 2:10, 7:30).

469. אֱלִיצָפָן ['Ĕlîytsâphân][4회] **엘리차판**
고명 남 410과 6845에서 유래; 보호하시는 하나님: 한 이스라엘 사람의 이름 '엘리사반', 민3:30. [주] 출6:22에서는 אֶלְצָפָן으로 쓰임.
☞**엘리사반**(민3:30).

470. אֱלִיקָא ['Ĕlîyqâ'][1회] **엘리카**
고명 남 410과 6985에서 유래; 거절하시는 하나님: 한 이스라엘 사람의 이름 '엘리가', 삼하23:25.
☞**엘리가**(삼하23:25).

471. אֶלְיָקִים ['Elyâqîym][12회] **엘야킴**
고명 410과 6965에서 유래; 하나님께서 세우셨다:
1) 히스기야 왕의 통치기에 궁내대신으로 있던 사람 '엘리아김', 왕하18:18, 사22:20.
2) 요시야 왕의 아들 '엘리아김', 왕하23: 34, 렘1:3.
☞**엘리아김**(왕하18:18, 23:34, 사22:20, 렘1:3).

472. אֱלִישֶׁבַע ['Ĕlîysheba'][1회] **엘리셰바**
고명 여 410과 7651[7650의 의미를 지님]에서 유래; 맹세의 하나님: 아론의 아내 '엘리세바', 출6:23.
☞**엘리세바**(출6:23).

473. אֱלִישָׁה ['Ĕlîyshâh][3회] **엘리샤**
고명 외래어의 파생어로 보임:
1) 지중해 연안에 위치한 한 지역의 이름 '엘리사', 창10:4, 겔27:7.
2) 야완의 아들 '엘리사'.
☞**엘리사**(창10:4, 겔27:7).

474. אֱלִישׁוּעַ ['Ĕlîyshûwa'][2회] **엘리슈아**
고명 남 410과 769에서 유래; 구원의 하나님: 다윗 왕의 아들 '엘리수아', 삼하5:15, 대상14:5.
☞**엘리수아**(삼하5:15, 대상14:5).

475. אֶלְיָשִׁיב ['Elyâshîyb][17회] **엘야쉬브**
고명 남 410과 7725에서 유래; 회복케 하시는 하나님: 이스라엘 사람의 이름 '엘야쉬브'.
① 대상3:24.
② 대상24:12.
③ 스10:6.

④ 느3:1.
⑤ 스10:24.
☞**엘리아십**(대상3:24, 24:12, 스10:6, 느3:1).

476. אֱלִישָׁמָע ['Ĕlîyshâmâ'][17회] 엘리샤마
고명 남 410과 8085에서 유래; 들으시는 하나님: 이스라엘 사람의 이름 '엘리사마'.
① 삼하5:16.
② 민1:10.
③ 왕하25:25.
④ 대상2:41.
⑤ 대하17:8.
☞**엘리사마**(삼하5:16, 왕하25:25, 대상2:41).

477. אֱלִישָׁע ['Ĕlîyshâ'][58회] 엘리샤
고명 남 אֱלִישׁוּעַ의 압축형; 구원의 하나님: 엘리야의 제자이며 후계자로서 많은 기적을 일으켰던 선지자 이름 '엘리사', 왕하2:3.
☞**엘리사**(왕하2:3).

478. אֱלִישָׁפָט ['Ĕlîyshâphât][1회] 엘리샤파트
고명 남 410과 8199에서 유래; 심판의 하나님: 한 이스라엘 사람의 이름 '엘리사밧', 대하23:1.
☞**엘리사밧**(대하23:1).

479. אִלֵּךְ ['illêk][13회] 일레크
아람어 대 복수 אֵלֶּה와 같은 뜻: 이[것]들, 단3:12, 스4:21.

480. אַלְלַי ['allay][2회] 알라이
감 421에서 유래한 중복형: 아, 오[슬픔의 탄식]. [주] לִי에 수반되어 쓰임, 욥10:15, 미7:1.
☞**화**(욥10:15), **재앙이로다**(미7:1).

481. אָלַם ['âlam][9회] 알람
원형 칼형에서는 사용되지 않음:
1) 단단히 묶다.
2) 벙어리가 되다, 침묵을 지키다.
3) 고독하다 버림받다.
니팔형:
1) 말이 없다,
시31:19(18), 39:3(2), 10(9), 사53:7.
2) 조용하다, 잠잠하다, 겔33:22.
피엘형: 함께 묶다, 창37:7.
☞**잠잠하다**(시39:2, 53:7, 겔24:27), **말문이 막히다**(단10:15), **묶다**(창37:7), **말 못하는 자가 되다**(겔3:26).

482. אֵלֶם ['êlem][2회] 엘렘
명 남 481에서 유래: 침묵, 시58:2(1).
*אֵלָם ['êlâm] 엘람
361 참조.
*אֻלָם ['âlûm] 알룸
485 참조.
☞**요낫 엘렘 르호김**(시56편 표제).

483. אִלֵּם ['illêm][6회] 일렘
형 남 복수 אִלְּמִים, 사56:10, 481에서 유래: 말 없는, 출4:11, 사35:6, 시38:14(13).
☞**말 못하는**(출4:11, 잠31:8, 사35:6), **말하지 못하는**(합2:18).

484. אַלְמֻגִּים ['almuggiym][3회] 알묵김
명 남 복수 외래어의 파생어로 보임[복수로만 쓰임]: 백단향 나무. [금]보석과 함께 성전과 궁전을 장식할 때 사용됨.
☞**백단목**(왕상10:11,12).

485. אֲלֻמָּה ['ălummâh][5회] 알룸마
명 여 복수 ים, וֹת의 수동태 분사형: 단, 묶음[곡물의], 창37:7, 시126:6.
☞**단**(창37:7, 시126:6).

486. אַלְמוֹדָד ['Almôwdâd][2회] 알모다드
고명 외래어의 파생어로 보임: 욕단의 아들 '알모닷', 창10:26, 대상1:20.
☞**알모닷**(창10:26, 대상1:20).

487. אַלַּמֶּלֶךְ ['Allammelek][3회] 알람멜레크
고명 427과 4428에서 유래; 왕의 상수리나무: 아셀 지파에 속한 마을 이름 '알람멜렉', 수19:26.
☞**알람멜렉**(수19:26).

488. אַלְמָן ['almân][1회] 알만
형 남 481에서 유래한 연장형['사별하다'는 뜻을 지님]: 버림받은, 홀로 남은, 렘51:5.
☞**버림받은**(렘51:5).

489. אַלְמֹן ['almôn][1회] 알몬
형 남 481에서 유래: 버림받은, 홀로 남은[왕이 자기 나라를 빼앗겼을 경우를 비유적으로 나타낼 때 사용], 사47:9.
☞**과부가 되는**(사47:9).

490. אַלְמָנָה ['almânâh][56회] 알마나
명 여 488의 여성형:
1) 과부, 창38:11.
2) 버려진 곳, 출22:21(22). [주] 특히 왕이 자기 나라를 빼앗긴 경우를 비유적으로 나타낼 때 사용: 황폐한 궁, 사47:8.
☞**과부**(출22:22, 왕상7:14, 사1:17). **[동] 수절하다**(창38:11).

491. אַלְמָנוּת ['almânûwth][4회] 알마누트
명 여 복수 이외에 אַלְמְנוּתִים도 복수로 쓰임. 488의 여성형:

1) 과부.
2) 과부시절, 창38: 14. [주]포로 생활을 하던 이스라엘을 비유적으로 표현할 때 쓰임, 사54:4.

☞**과부**(창38:14, 삼하20:3, 사54:4).

492. אַלְמֹנִי ['almônîy][3회] **알모니**
명 남 489에서 유래['은폐하다'는 의미를 지님]: 어떤 사람[이름을 알 수 없는 사람이나 사물을 나타냄].

*אִלֵּן ['illên] 일렌
459 참조.

*אֵלֹנִי ['Êlônîy] 엘로니
440 참조.

☞**아무**(룻4:1, 왕하6:8).

493. אֶלְנַעַם ['Elna'am][1회] **엘나암**
고명 남 410과 5276에서 유래; 하나님은 기쁨이시다: 한 이스라엘 사람의 이름 '엘라암', 대상11:46.

☞**엘라암**(대상11:46).

494. אֶלְנָתָן ['Elnâthân][7회] **엘나탄**
고명 남 410과 5414에서 유래; 하나님께서 주셨다: 여호야긴 왕의 조부, 왕하24:8. 2)에스라 시대의 세 레위인의 이름 '엘라단', 스8:16.

☞**엘라단**(왕하24:8, 스8:16).

495. אֶלָּסָר ['Ellâçâr][2회] **엘라싸르**
고명 외래어에서 파생된 것으로 보임: 바벨론과 엘리마이스 근방에 있는 지역의 이름 '엘라살', 창14:1,9.

☞**엘라살**(창14:1,9).

496. אֶלְעָד ['El'âd][1회] **엘아드**
고명 남 410과 5749에서 유래; 하나님이 증거하셨다: 한 이스라엘 사람의 이름 '엘랏', 대상7:21.

☞**엘랏**(대상7:21).

497. אֶלְעָדָה ['El'âdâh][1회] **엘아다**
고명 남 410과 5710에서 유래; 하나님이 세우셨다: 한 이스라엘 사람의 이름, 대상7:20.

☞**엘라다**(대상7:20).

498. אֶלְעוּזַי ['El'ûwzay][2회] **엘우자이**
고명 남 410과 5756(5759의 의미를 지님)에서 유래; 하나님은 나의 찬양이시다: 한 이스라엘 사람의 이름 '엘루새', 대상12:5.

☞**엘루새**(대상12:5).

499. אֶלְעָזָר ['El'âzâr][72회] **엘아자르**
고명 남 410과 5826에서 유래; 하나님이 도우신다: 이스라엘의 여섯 사람의 이름 '엘르아살'.
① 출6:23.
② 삼하23:9.
③ 삼상7:1.
④ 대상23:21.
⑤ 스8:33.
⑥ 스10:25.

☞**엘르아살**(출6:23, 삼상7:1, 삼하23:9, 스8:33).

500. אֶלְעָלֵא ['El'âlê'][5회] **엘알레**
고명 410과 5927에서 유래; 하나님이 올라가신다: 르우벤 지파의 마을이름 '엘르알레'. [주] 지금은 폐허가 된 요단강 동편의 헤스본에서 약 1.65㎞ 떨어진 곳에 있음, 민32:3, 37, 사15:4.

☞**엘르알레**(민32:3,37, 사15:4).

501. אֶלְעָשָׂה ['El'âsâh][6회] **엘아사**
고명 남 410과 6213에서 유래; 하나님께서 지으셨다: 세 이스라엘 사람들의 이름 '엘르아사'
① 대상2:39.
② 대상8:37.
③ 렘29:3.

☞**엘르아사**(대상2:39, 8:37, 렘29:3).

502. אָלַף ['âlaph][5회] **알라프**
원형 미완료형 יֶאֱלַף 잠22:25:
1) 친하게 지내다, 사귀다.
2) 온순하다[짐승에게 사용됨].
3) 배우다[친근한 관념으로부터], 잠22:25.
4) 함께 모이다, 참여하다.

피엘형: 가르치다[두 개의 목적어를 동반함], 욥15:5, 35:11. [주] 분사형은 מַלְּפֵנוּ.
히필형: 낳다, 시144:13.

☞**본받다**(잠22:25), **가르치다**(욥15:5, 33:33), **교육하다**(욥35:11).

503. אָלַף ['âlaph][2회] **알라프**
동 505에서 유래한 명사 유래어: 천 배로 만들다[사역형]

☞**천천으로 번성하다**(시144:13).

504. אֶלֶף ['eleph][8회] **엘레프**
명 혼성 소유격으로 사용됨, 502에서 유래:
1) 황소 혹은 암소 [주] 복수형은 אֲלָפִים으로만 사용됨, 시8:8(7), 잠14:4; 그러나 한 마리의 암소를 나타낼 때 사용되기도 함, 신7:13.
2) 가족[한 지파를 구성하는 많은 가문 중 하

나를 나타냄], 삿6:15. [주] 한 가문의 거 주지로서의 마을을 나타내기도 함.

☞**집**(삿6:15), **소**(신28:51), **족속**(미5:2).

505. אֶלֶף ['eleph][509회] **엘레프**

수 본래는 504와 동일하게 쓰임: 일천[황소의 머리 글자인 알렙은 1을 나타내는 수사이므로].

☞**천**(창20:16, 출38:25, 민1:16, 신32:30, 삿9:49, 삼상13:2).

506. אֲלַף ['ălaph][3회] **알라프**

505와 일치: 단5:1, 7:10.

*אֶלֶף ['eleph] 엘레프

아람어

☞**천**(단5:1), **천천**(단7:10).

507. אֶלֶף ['Eleph][1회] **엘레프**

고명 505와 동일: 베냐민 지파에 속한 마을의 이름 '엘렙', 수18:28.

*אַלֻּף ['allûph][69회] 알루프

441 참조.

*אֶלְפֶּלֶט ['Elpeleṭ][8회] 엘펠레트

467 참조.

☞**엘렙**(수18:28).

508. אֶלְפַּעַל ['Elpa'al][3회] **엘파알**

고명 410과 6466에서 유래; 응답해 주시는 하나님: 한 이스라엘 사람 '엘바알', 대상 8:11,12,18.

☞**엘바알**(대상8:11,12,18).

509. אָלַץ ['âlats][1회] **알라츠**

원형 누르다, 강제하다, 삿16:16.

*אֶלְצָפָן ['Eltsâphân][4회] 엘차판

469 참조.

☞**재촉하다**(삿16:16).

510. אַלְקוּם ['alqûwm][1회] **알쿰**

명 408과 6965에서 유래; 국민, 백성, 잠 30:31.

☞**당함**(잠30:31).

511. אֶלְקָנָה ['Elqânâh][20회] **엘카나**

고명 410과 7069에서 유래; 하나님이 창조하셨다: 일곱 이스라엘 사람의 이름 '엘가나'

① 삼상1:1.

② 출6:24.

③ 대하28:7.

④ 대상12:6.

⑤ 대상6:8(23) 등등.

☞**엘가나**(출6:24, 삼상1:1, 대상6:8, 12:6).

512. אֶלְקֹשִׁי ['Elqôshîy][1회] **엘코쉬**

명 불확실한 파생어에서 유래한 족속의 명칭:

1) 나훔 선지자에 대해 사용됨, 나1:1.

2) 앗수르가 아닌 팔레스틴의 한 장소로 불리기도 함 '엘고스'.

☞**엘고스 사람**(나1:1).

513. אֶלְתּוֹלַד ['Eltôwlad][2회] **엘톨라드**

고명 410과 8435의 남성형에서 유래한 것으로 보임; 하나님의 백성: 팔레스틴의 한 장소 '엘돌랏'.

☞**엘돌랏**(수19:4, 15:30).

514. אֶלְתְּקֵה ['Elteqêh][2회] **엘테케**

고명 불확실한 파생어에서 유래; 두려운 하나님: 단 지파에 속한 레위인의 성의 이름 '엘드게', 수19:44, 21:23.

☞**엘드게**(수19:44, 21:23).

515. אֶלְתְּקֹן ['Elteqôn][1회] **엘테콘**

고명 410과 8626에서 유래; 반석이 되시는 하나님: 유다 지파에 속한 마을의 이름 '엘드곤', 수15:59.

☞**엘드곤**(수15:59).

516. אַל תַּשְׁחֵת ['Al tashchêth][4회] **알 타쉬헤트**

408과 7843에서 유래; 너는 멸망해서는 안 된다: 예전에 유행했던 노래의 머리말인 것 같다 [예] 알다스헷.

☞**알다스헷**(시57,58,65편 제목).

517. אֵם ['êm][220회] **엠**

명 여 연계형 אֵם, 어미활용 [단수] אִמִּי, [복수] אִמּוֹת 어머니:

1) 할머니, 왕상15:13 [일반적으로 여자 조상에게도 쓰임, 창3:20].

2) 다른 사람들에게 은혜를 베푸는 여자[비유적으로 쓰임], 삿5:7.

3) 친척 관계를 나타낼 때도 쓰임, 욥17:14.

4) 한 민족[조상이 같음을 나타낼 때], 사 50:1, 렘50:12, 겔19:2, 호2:5.

5) [길의] 분기점.

6) 어머니 같은 성[상업적이지 않을 경우에도 해당], 삼하20:19.

7) 모든 인류의 어머니로서의 흙[비유적으로 쓰임], 욥1:21.

☞**어머니**(창3:20, 신21:18, 왕하4:20, 11:1, 대하12:13).

518. אִם ['îm][1071회] **임**

감 감정 표현이나 의문이나 조건을 나타내는 불변사로서 매우 다양하게 사용됨:

1) [감탄사로 가장 많이 쓰임] 오!, 보라!, 호

12:12(11), 욥17:13, 잠3:34.
2) [의문부사로 쓰이는 경우]
① 직접 의문문으로 쓰일 때: 왕상1:27, 사29:16. [주] הֲ...אִם으로 쓰일 때 '~인지 ~인지'의 의문문 형태가 된다, 왕상22:15.
② 완곡한 의문문으로 쓰일 때: ~인지.
3) 접속사로 쓰이는 경우.
① 특히 조건 접속사: 만약 ~이면, 창43:9, 18:3, 욥8:4.
㉠ 조건이나 가정이 완곡하게 표현될 때 אִם...נָא가 사용됨.
㉡ 상관 접속사로 쓰일 때는 אִם...אִם이 사용된다, 출19:13, 신18:3.
㉢ 맹세 형식을 생략할 때, 삼상3:17, 24:7(6).
② 양보의 불변사로 쓰일 경우: 비록 ~일지라도, ~라 해도, 욥9:15, 사1:18.
③ 소망의 불변사로 쓰일 경우: ~해주기를, ~되기를, 시68:14(13).
④ 시간 불변사: ~할 때, 사24:13.
⑤ [드물게] 원인 접속사로 쓰임: ~이므로, 창47:18. [주] 다른 불변사와 복합되어 쓰이는 경우 ① הַאִם ~아닌가, 민17:28(13), 욥6:13. ② אִם־לֹא ㉠~아닌가?, 사10:9. ㉡~하지 않는다면, 시7:13(12), 창24:8. ㉢그러나, 창24:38.

☞**아니하다**(창14:23, 삼상19:6, 겔35:6), **못하다**(삼상17:55, 겔14:20). **[부] 진실로**(렘15:11), **결단코**(민14:23), **결코**(민32:11), **만일**(출22:23, 대하33:8), **참으로**(삼상21:5), **반드시**(민14:35).

519. אָמָה ['âmâh][56회] 아마
명[기본형으로 보임]. 여 어미활용 אֲמָתְךָ, 복수 אַמָּהוֹת; 여종[자기보다 높은 사람들에 대해 자기를 나타낼 때는 자유인이라도 '여종'으로 나타낸다], 삿190:19, 삼상1:11, 삼하14:15.
*אֵמָה ['êmâh] 에마
367 참조.
☞**여종**(삼상1:11, 시86:16), **시녀**(출2:5, 룻3:9, 나2:7), **계집종**(삼하6:20), **종**(레25:44), **노비**(신12:12, 스2:65, 느7:67).

520. אַמָּה ['ammâh][248회] 암마
명 517의 연장형[어떤 것의 시초나 근원에 대한 비유적 표현으로 사용]:
1) 팔뚝, 신3:11.
2) 규빗[측정단위의 이름], 신3:11.
3) 대도시.
4) 문지방의 터, 사6:4.
☞**규빗**(창6:15, 왕상6:2, 단3:1), **터**(사6:4), **한계**(렘51:13), **척**(겔40:5, 41:9, 43:14).

521. אַמָּה ['ammâh][2회] 암마
아람어 명 여 복수 אַמִּין, 520과 일치; 규빗[측정단위의 이름], 단3:1, 스6:3.
☞**규빗**(스6:3, 단3:1).

522. אַמָּה ['Ammâh][1회] 암마
고명 520과 동일: 팔레스틴의 한 언덕 '암마', 삼하2:24.
☞**암마**(삼하2:24).

523. אֻמָּה [ummâh][3회] 움마
명 여 복수 אֻמּוֹת, 517과 동형에서 유래[사람들의 공동체]: 민족, 나라, 백성, 창25:16, 민25:15.
☞**족속**(창25:16), **백성**(민25:15, 시117:1).

524. אֻמָּה ['ummâh][3회] 움마
아람어 명 여 복수 אֻמִּין, 523과 동일: 나라, 백성, 단3:4,7, 5:19, 7:14, 스4:10.
☞**백성**(스4:10, 단3:4, 4:1).

525. אָמוֹן ['âmôwn][1회] 아몬
명 남 539에서 유래: 직공, 건축가[하나님의 지혜를 사용하는], 잠8:30.
☞**창조자**(잠8:30).

526. אָמוֹן ['Âmôwn][2회] 아몬
고명 남 525와 동일:
1) 유다 왕 므낫세의 아들 '아몬', 왕하21:18-26, 대하33:20.
2) 그외 두 이스라엘 사람의 이름
① 왕상22:26.
② 느7:59.
☞**아몬**(왕하21:18, 느7:59).

527. אָמוֹן ['âmôwn][2회] 아몬
명 הָמוֹן과 동일한 말, 1995의 어미 변화형: 백성, 무리, 렘52:15.
☞**무리**(렘52:15), **아몬**(나3:8).

528. אָמוֹן ['Âmôwn][1회] 아몬
명 애굽어의 파생어: 애굽 최고신의 이름 '아몬'[4996의 부속어구로만 사용됨], 렘46:25.
☞**아몬**(렘46:25).

529. אֵמוּן ['êmûwn][8회] 에문
명 남 복수 אֱמוּנִים, 539에서 유래:
1) 확고함.
2) 충실, 성실, 신32:20.

☞**충성된 (자)**(잠13:17, 20:6), **신실한 (자)하다**(잠14:5), **신의**(사26:2).

530. אֱמוּנָה ['ĕmûwnâh][49회] **에무나**
명 여 복수 אֱמוּנוֹת, 529의 여성형;
1) 확고함[문자적인 의미], 출17:12.
2) 안전[상징적인 의미], 사33:6.
3) 신뢰성
① [인간에 대한 도덕적 의미], 시37:3, 합2:4.
② [신에 대한 도덕적 의미], 신32:4.
4) 정직, 렘5:1.
5) 영구적인 의무[직무에 대해 사용].
6) [부사]
① 의식적으로
② 성실하게.
☞**성실**(시37:3, 89:5, 렘5:3), **진리**(렘5:1), **믿음**(합2:4), **성심**(대하31:12), **직임**(대하31:15), **진실**(신32:4, 대하19:9, 시143:1, 렘7:28), **신실**(삼상26:23), **직분**(대상9:22,26). **[동] 진실하다**(왕하22:7, 시33:4, 호2:20), **내려오지 아니하다**(출17:12), **맡다**(대상9:31), **성실하다**(시36:5, 119:90, 사25:1), **평안하다**(사33:6).

531. אָמוֹץ ['Âmôwts][13회] **아모츠**
고명 남 553에서 유래; 강함: 선지자 이사야의 아버지 '아모스', 사1:1, 2:1, 13:1, 20:2.
☞**아모스**(사1:1, 2:1, 13:1, 20:2).

532. אָמִי ['Âmîy][2회] **아미**
고명 남 526의 약어로 보임: 한 이스라엘 사람의 이름 '아미', 스2:57.
*אֲמִינוֹן ['Ămîynôwn] 아미논
고명 אַמְנוֹן과 동일한 말: 다윗의 아들 '아미논'의 이름, 삼하13:20.
☞**아미**(스2:57).

533. אַמִּיץ ['ammîyts][6회] **암미츠**
형 남 단축형은 אַמִּץ, 553에서 유래:
1) 강함, 욥9:4, 삼하15:12.
2) 담대한, 암2:16.
3) 확고한.
☞**커가는**(삼하15:12), **강한**(욥9:4,19, 사40: 26), **힘있는**(사28:2), **굳센**(암2:16).

534. אָמִיר ['âmîyr][2회] **아미르**
명 남 559에서 유래한 것으로 보임; 스스로 높임:
1) 정상, 꼭대기
① [나무에 대한 경우], 사17:6.
② [산에 대한 경우], 사17:9.
2) 가지[큰 가지].
☞**가지**(사17:6), **처소**(사17:6).

535. אָמַל ['âmal][15회] **아말**
원형 겔16:30:
1) 쇠약해지다.
2) 시들다.
3) 고개를 숙이다.
☞**약하다**(겔16:30), **쇠약하다**(삼상2:5, 렘15: 9), **마르다**(사16:8, 욜1:12), **피곤하다**(사19: 8, 렘14:2), **쇠잔하다**(사24:4, 호4:3) **쇠하다**(애2:8, 나1:4), **다하다**(욜1:10).

536. אֻמְלַל ['umlal][15회] **움랄**
동 535의 푸알형[시적인 표현으로만 사용됨]:
1) 쇠약해지다, 시들다.
① [시들은 식물에 대해 사용된 경우], 사24:7.
② [들이나 병자에 대해 사용된 경우], 시6:2.
2) 슬픔에 잠기다.
① [황폐한 땅에 대해 사용된 경우], 사24:4.
② [허물어진 성벽에 대해 사용된 경우], 애2:8.
형 남 535의 푸알형 분사인 אֻמְלָל의 약형.
1) 시들어가는.
2) 황폐한.
3) 병든.
☞**수척하다**(시6:2).

537. אֲמֵלָל ['ămêlâl][1회] **아멜랄**
형 남 535에서 유래:
1) 시들은.
2) 약한, 느3:34(4:2).
☞**미약한**(느4:2).

538. אֲמָם ['Ămâm][1회] **아맘**
고명 517에서 유래; 모이는 곳: 유다 지파의 남부 지역에 위치한 마을 아맘(수15:26).

539. אָמַן ['âman][100회] **아만**
원형 칼형에서는 수동태 분사형으로만 쓰임[단수형으로 쓰일 경우 אֹמֵן, 복수형으로 쓰일 경우 אֱמוּנִים]:
1) 지속하다, 지탱하다.
① 팔로 지탱하다.
② 아이를 운반하다, 민11:12.
③ 발견되다, 쌓다.
2) 확고해지다.

① 성실하다[비유적으로 쓰임].

니팔형:

1) 부양하다, 팔로 나르다, 사60:4.
2) 확고해지다, 견고하다[확고한 조건에 대해 사용됨], 삼상2:35, 왕상11:38.
3) 영구적인, 끊임없는, 마르지 않는, 사33:16.
4) 신뢰할 만하다[어떤 사람이 의지할 수 있는 경우에 대해 사용].
5) 확실하다[하나님의 말씀에 대해 사용], 호5:9.

히필형 הֶאֱמִין:

1) 기대다, 사28:16.
2) 신뢰하다[비유적으로 쓰임], 욥4:18.
3) 믿다, 사7:9.
4) 정지해 있다, 욥39:24.

☞**양육자**(룻4:16), **유모**(삼하4:4), **양부**(사49:23), **충성된 자**(삼하20:19, 시101:6, 욥12: 20), **충실한 자**(시12:1), **충성**(잠27:6), **의지**(욥29:24), **믿는 자**(사28:16), **성실한 자**(시31:23). [동] **자라다**(애4:5), **보존되다**(삼하7:16), **교육하다**(왕하10:1,5), **충성하다**(시78:8), **성실하다**(시78:37), **확실하다**(시93: 5, 사55:3), **신실하다**(잠11:13, 호11:12, 사49:7), **진실하다**(창42:20, 사8:2), **안기다**(사60:4), **충성되다**(민12:7), **오래다**(신28:59), **충실하다**(삼상2:35), **견고하다**(삼상2:35, 왕상11:38, 사33:16), **세움을 입다**(삼상3:20), **든든하다**(삼상25:28), **충직하다**(느13:13), **굳게 세우다**(시89:28), **단단하다**(사22:25), **믿다**(창15:6, 왕상10:7, 신1:32), **확신하다**(신28:66), **바라다**(욥15:22, 24:22), **의탁하다**(욥39:12), **신뢰하다**(대하20:20).

540. אֲמַן ['ăman][3회] 아만

아람어 동 수동 분사형 מְהֵימַן, 539와 동일한 뜻:

1) 믿다.
2) 신뢰하다.
3) 확실하다.

☞**의뢰하다**(단6:23), **확실하다**(단2:45), **충성되다**(단6:4).

541. אָמַן ['âman][4회] 아만

동 3225에서 유래한 명사 유래어:

1) 오른편 길을 취하다.
2) ~오른쪽으로 돌다.

☞**치우치다**(사30:21).

542. אָמָן ['âmân][1회] 아만

명 남 539에서 유래: 장인, 숙련자, 아7:1.

☞**숙련공**(아7:1).

543. אָמֵן ['âmên][30회] 아멘

형 539에서 유래: 확고한, 성실한[비유적으로 사용될 경우].

부 1) 참으로, 진실로.
2) 아멘, 렘28:6, 시41:14(13).

☞**아멘**(민5:22, 왕상1:36, 렘11:5), **진리**(사65:16).

544. אֹמֶן ['ômen][1회] 오멘

명 남 539에서 유래:

1) 성실성.
2) 진리, 사25:1.

☞**진실함**(사25:1).

545. אָמְנָה ['omnâh][1회] 옴나

명 여 544의 여성형:

1) 양육, 보호, 보육, 에2:20.
2) 진리.

☞**양육 (받음)**(에2:20).

546. אָמְנָה ['omnâh][2회] 옴나

부 544의 여성형[일반적인 의미를 따름]:

1) 진실로, 참으로, 수7:20.
2) 확실히.

☞**실로**(창20:12), **참으로**(수7:20).

547. אֹמְנָה ['ômenâh][1회] 오메나

명 여 복수 אֹמְנוֹת, 544의 여성 능동태 분사['지탱하다'는 뜻에서 유래]: 기둥, 주랑, 왕하18:16.

☞**기둥**(왕하18:16).

548. אֲמָנָה ['ămânâh][2회] 아마나

명 여 543의 여성형, 고정된 것:

1) 언약, 협정[확고하고 분명한 것], 느10:1.
2) 왕의 명령, 칙령, 느11:23.

☞**왕의 명**(느11:23), **언약**(느9:38).

549. אֲמָנָה ['Ămânâh][2회] 아마나

고명 543의 여성형:

1) 레바논 반대편에서 발원하여 다메섹으로 흐르는 강의 이름 '아마나', 왕하5:12.
2) 다메섹 근처의 산 이름, 아4:8.

☞**아마나**(왕하5:12, 아4:8).

550. אַמְנוֹן ['Amnôwn][27회] 암논

고명 539에서 유래; 성실한:

1) 자기의 형제인 압살롬에게 살해된 다윗의 큰 아들 '암논', 삼하3:2, 13:1–39.
2) 유다 지파에 속한 사람, 대상4:20.

☞**암논**(삼하3:2, 13:1, 대상4:20).

551. אָמְנָם ['omnâm][9회] 옴남

부 544에서 유래한 부사:

1) 진실로, 참으로, 욥9:2, 19:4, 사37:18.

2) 의식없이, 확실히.

☞**참으로**(룻3:12, 욥12:2, 19:5), **과연**(왕하19 :17, 욥19:4, 사37:18), **진실로**(욥9:2, 34:12, 36:4).

552. אֻמְנָם ['umnâm][5회] 움남

부 551의 철자법에 따른 어미변화: 참으로, 확실히.

☞**어떻게**(창18:13), **어찌**(민22:37), **참으로**(왕상8:27, 대하6:18).

553. אָמַץ ['âmats][20회] 아마츠

원형 미완료형 יֶאֱמַץ:

1) 강하다, 대하13:18.

2) 용감하다, 신31:7.

피엘형 אִמֵּץ:

1) 강하게 하다, 신3:28.

2) 힘을 키우다, 사44:14.

3) 마음을 무겁게 하다[비유적으로 쓰임], 신2:30.

4) 회복시키다, 수리하다, 대하24:13.

5) 선택하다, 임명하다, 시80:18(17).

히필형[자동사로 쓰임] 강하게 되다.

힛파엘형:

1) 경계하다[동명사가 수반된다], 왕상12:18.

2) 강해지다[음모자들에 대해 사용], 대하13:7.

3) 마음이 무거워지다, 룻1:18.

☞**힘세다, 강하다**(삼하22:18, 시142:6, 창25:23), **담대하다**(대상22:13, 시27:14, 31:24), **이기다**(대하13:18), **완고하다, 완악하다**(신2: 30, 대하36:13), **힘있게 하다**(시80:15,17), **굳세게 하다**(사41:10), **강건하다**(신3:28). **[부] 굳게**(룻1:18), **견고히**(시89:21), **담대히**(신31:6, 수10:25, 대하32:7), **급히**(왕상12:18, 대하10:18).

554. אָמֹץ ['âmôts][2회] 아모츠

형 남 복수로만 쓰임 אֲמֻצִּים, 553에서 유래한 것으로 보임:

1) 적극적인, 민활한[말에 대해 사용], 슥6:3.

2) 강한 색을 가진[빨간].

☞**건장한**(슥6:3,7).

555. אֹמֶץ ['ômets][1회] 오메츠

명 553에서 유래: 힘, 욥17:9.

☞**힘**(욥17:9).

556. אַמְצָה ['amtsâh][1회] 암차

명 553에서 유래: 힘, 보호, 슥12:5.

☞**힘**(슥12:5).

557. אַמְצִי ['Amtsîy][2회] 암치

고명 553에서 유래; 강한: 두 이스라엘 사람의 이름 '암시'

① 대상6:46.

② 느11:12.

☞**암시**(대상6:31).

558. אֲמַצְיָה ['Ămatsyâh][40회] 아마츠야

고명 אֲמַצְיָהוּ로도 쓰임, 553과 3050에서 유래; 여호와의 능력:

1) 요아스의 아들이자 웃시야의 아버지 '아마샤', 왕하12:21, 14:1[아마쓰야후로 쓰인 경우].

2) 아모스에 적의를 품었던 소를 숭배하는 사제, 암7:10.

3) 두 이스라엘 사람.

① 대상4:34.

☞**아마샤**(왕하12:21, 암7:10, 대상4:34).

559. אָמַר ['âmar][5298회] 아마르

원형 미완료형 יֹאמַר, 부정사 절대형 אָמוֹר, 부정사 연계형 אֱמֹר:

1) 말하다[일반적인 대화시], 창2:23, 3:2, 12:13.

① 소명하다, 부르다[어떤 것에 대해 말하는 경우], 사5:20.

② 권고하다, 욥1:7.

③ 약속하다, 대하32:24.

④ 이야기하다, 출19:25.

⑤ 칭찬하다, 시40:11(10).

2) 생각하다, 가정하다, 바라다, 출2:14.

3) 명령하다, 왕상11:18.

니팔형 נֶאֱמַר, 미완료형 יֵאָמֵר:

1) 언급되다, 민21:14.

2) ~라 이르다, 창10:9.

3) 부름을 받다, 명명되다, 창32:29.

히필형 הֶאֱמִיר: 1)말하게 하다, 신26:17.

힛파엘형 הִתְאַמֵּר: 1)자랑하다, 시94:4.

☞**이르다**(창12:12, 삼하18:12, 미3:1), **지시하다**(창22:3, 26:2), **청하다**(창24:43, 느8:1), **대답하다**(창26:9, 대하10:10, 삼상17:58), **말씀하다**(창31:29, 왕상2:4, 대상17:7), **묻다**(창46 :33, 삼하9:4, 암6:10), **명을 받다**(출6:26), **명하다**(민15:38, 수11:9, 대하29:24), **전하다**(삼하18:18), **아뢰다**(신26:5, 대상21:8), **간구하다**(신3:23, 대하6:37), **인정하다**(신26:17,18), **부르다**(왕상1:34,39, 대

하23:11), **내리다**(에9:25), **선포하다**(시40:10), **생각하다**(수22:24, 삼상27:1), **증거하다**(왕상21: 10), **언약하다**(대하7:18), **전파하다**(에1:17), **권하다**(에3:4), **구하다**(에6:4, 5:14), **속담을 말하다**(겔16:44), **외치다**(대하23:13), **말을 전하다**(출18:6), **여쭈다**(출32:31, 삿10:15), **울다**(욥39:25), **간청하다**(왕하2:17), **결심하다**(대하2:1), **논하다**(민23:23), **맹세하다**(렘16:14), **허락하다**(에9:14), **칭하다**(사4:3). **[명] 대답**(창24:44), **말**(창41:54, 삿12:4, 삼상20: 7, 시42:3), **명**(창43:17, 시106:34).

560. אֲמַר ['ămar][71회] 아마르

[아람어] [동] 3인칭 여성형 אֲמֶרֶת, 단5:10, 미완료형 יֵאמַר, 부정사 מֵאמַר, 스5:11, 분사 אָמַר, 559와 일치:

1) 말하다.
  ① [인칭대명사 여격과 함께 쓰일 경우], 단2:25.
  ② [사물의 목적격과 함께 쓰일 경우], 단7:2.
  ③ [구어체로 쓰일 경우], 단2:24.
  ④ [문어체로 쓰일 경우], 단7:2.
2) 명령하다.

☞**물어보다**(스5:9), **명하다**(단2:12, 3:13, 6:16), **진술하다**(단7:1, 2:36), **이르다**(스5:11, 단4:35), **알게 하다**(단2:9), **아뢰다**(단6:12), **말하다**(단6:15).

561. אֵמֶר ['êmer][50회] 에메르

[명] 단수로 쓰일 때는 항상 어미가 붙는다[אִמְרוֹ, 욥20:29], 복수 אֲמָרִים, 복수 연계형 אִמְרֵי, 559에서 유래:

1) 말씀, 강설[דָּבָר와 같은 뜻이지만 시적 표현으로만 쓰임, 단, 수24:27은 제외], 민24:4, 잠22:21, 시19:15(14).
2) 명령, 욥20:29.

☞**소리**(창49:21, 잠1:21), **말씀**(민24:4, 수24 :27, 잠22:21), **말**(신32:1, 욥6:25, 사32:7). **[동] 대답하다**(삿5:29).

562. אֹמֶר ['ômer][5회] 오메르

[명] 561과 동일[시적인 언어로 사용됨]:

1) 말씀 이야기, 시19:4(3).
2) 시, 노래[주로 쓰이는 뜻], 시19:3, 시68:12(11).
3) 언약, 시77:9(8). 4)어떤 것, 욥22:28.

☞**무엇**(욥22:28), **언어**(시19:3), **말씀**(시68:11), **허락**(시77:8).

563. אִמַּר ['immar][71회] 임마르

[아람어] [명] [남] 복수 אִמְּרִין, 560에서 유래한 것으로 보임:

1) 어린 양, 스6:9,17, 7:17.
2) 양무리의 자손['낳다'는 뜻에서 유래].

☞**어린 양**(스6:9,17, 7:17).

564. אִמֵּר ['Immêr][10회] 임메르

[고명] 559에서 유래; 말이 많은: 이스라엘 사람들의 이름.

① 렘20:1.
② 스2:59.
③ 느7:61.

☞**임멜**(스2:59, 느7:61, 렘20:1).

565. אִמְרָה ['imrâh][37회] 임라

[명] 복수 אֲמָרוֹת, 561의 여성형, 시어로 사용됨: 말씀, 견해.

① [사람에 대해 쓰이는 경우], 시17:6.
② [하나님에 대해 쓰이는 경우], 신33:9.

☞**말**(창4:23, 신32:2, 사32:9), **말씀**(신33:9, 삼하22:31, 시119:133), **목소리**(사28:23, 29: 4), **말소리**(사29:4).

566. אִמְרִי ['Imrîy][2회] 임리

[고명] 564에서 유래; 장황한: 두 이스라엘 사람의 이름 '임리'

① 대상9:4.
② 느3:2.

☞**이므리**(느3:2, 대상9:4).

567. אֱמֹרִי ['Ĕmôrîy][86회] 에모리

[고명] '오름', '산'을 뜻하는 אֱמֹר라는 단어에서 유래[사용되지는 않음]:

1) 한 아모리 사람.
2) [집합명사일 경우], 아모리족, 가나안 족속[주: 가나안 족속 중 일부는 훗날 유다 지파에 의해 점령당하는 산악지역에 거주했고, 다른 일부는 요단강 건너 아르논 북쪽에 거주했다], 창14:7, 민21:13.

☞**아모리 족속**(창14:7, 민21:13).

568. אֲמַרְיָה ['Ămaryâh][13회] 아마르야

[고명] 연장형인 אֲמַרְיָהוּ로도 쓰임, 559와 3050에서 유래; 여호와께서 약속하였다: 이스라엘 사람의 이름 '아마랴'

① 대상6:7.
② 대상6:11.
③ 느10:4(3).
④ 스10:42.
⑤ 느11:4.

⑥ 습1:1.

☞**아마랴**(대상6:7,11, 느10:3).

569. אַמְרָפֶל ['Amrâphel][2회] **암라펠**

고명 불확실한 외래어에서 파생한 것으로 보임: 시날 곧 아브라함 시대의 바벨로니아 왕의 이름 '아므라벨', 창14:1,9.

☞**아므라벨**(창14:1,9).

570. אֶמֶשׁ ['emesh][5회] **에메쉬**

부 어제 밤, 어제 밤에[특히 밤과 저녁을 구별하기 위한 말로 쓰임], 창19:34, 31:29, '어제'를 나타낼 때는 תְּמוֹל로 쓰임, 왕하9:26.

명 밤, 암흑, 욥30:3.

☞**어제 밤**(창19:34, 31:29,42), **어제**(왕하9: 26), **이전**(욥30:3).

571. אֱמֶת ['emeth][127회] **에메트**

명 אֲמֶנֶת의 압축형, 어미활용 אֲמִתּוֹ ,אֲמִתֶּךָ, 539에서 유래:

1) 확고함, 안전성, 영원성, 사39:8.

2) 안전성, 수2:12.

3) 성실성, 충실성.

① [백성에 대해 쓰임], 사59:14.

② [왕에 대해 쓰임], 시45:5(4).

③ [하나님에 대해 쓰임], 사30:10.

4) 정직성[양심에 대해 쓰임], 출18:21, 느7:2, 삿9:16.

5) 진리[거짓에 반대되는 말], 창42:16, 신22:20.

☞**바름**(창24:48), **진실함**(출18:21, 렘42:5), **확실함**(신17:4, 잠11:18), **참됨**(신22:20, 단10:1), **충성됨**(대하32:1), **진정함**(느9: 13), **성실함**(시54:5), **충실함**(사16:5), **견고함**(사39:8), **옳음**(사43:9). **[부] 분명히**(렘32:41), **참으로**(삿9:15), **진실히**(삼상12:24, 왕상2:4, 겔18:8), **성실히**(시132:11, 잠29:14). **[명] 성실**(창24:27, 왕상3:6, 시71:22), **진실**(왕하20: 3, 시111:7), **진리**(창32:10), 시57:3, 단10: 21), **성실함**(창47:29), **참**(신13:14, 대하15:3, 렘10:10), **진실함**(수24:14).

572. אַמְתַּחַת ['amtachath][15회] **암타하트**

명 여 연계형과 동일, 복수 절대형[연계형도 동일] אַמְתְּחוֹת, 4969에서 유래: 자루, 부대, 창42:27.

☞**자루**(창42:27, 43:12, 44:11).

573. אֲמִתַּי ['Ămittay][2회] **아밋타이**

고명 571에서 유래; 참된: 선지자 요나의 아버지 '아밋대', 왕하14:25, 욘1:1.

☞**아밋대**(왕하14:25, 욘1:1).

574. אֵמְתָנִי ['emtânîy][1회] **엠타니**

아람어 형 여 4975의 어원과 일치하는 어원에서 유래: 강한, 힘센, 단7:7.

☞**놀랍다**(단7:7).

575. אָן ['ân][42회] **안**

부[의문사]. מֵאָן 혹은 אָנָה으로도 쓰임, 370의 압축형:

1) [의문사] 어디로, 사10:3.

2) 어디에, 룻2:19.

① [전치사 ה와 함께 쓰일 때] 어디로부터, 왕하5:25.

3) 얼마나[시간적 의미].

4) [전치사 עַד와 함께 쓰일 때] 언제까지, 욥8:2.

☞**어디**(삼상10:14, 창37:30, 왕하6:6), **어디든지**(왕상2:36,42), **아무**(왕하5:25).

576. אֲנָא ['ănâ'][16회] **아나**

아람어 대 혼성 589와 일치: 나는, 단2:8. [주] 소유격 אֲנָה가 더 자주 쓰임, 단2:23, 3:25, 4:6.

577. אָנָּא ['ânnâ'][13회] **안나**

감[אָהּ와 נָא로 복합된 간청의 감탄사] 160과 4994의 압축형:

1) 오 이제!

2) 오 바라노니!

① [명령법이 수반됨], 창50:17.

② [기원법이 수반됨], 느1:5.

③ [진술에 앞선 탄식으로 쓰임], 출32:31.

* אֲנָה ['ănâh] 아나

576 참조.

* אָנָה ['ânâh] 아나

575 참조.

☞**바라건대**(창50:17), **슬프도소이다**(출32:31), **구하오니**(왕하20:3, 시116:4, 욘1:14), **간구하나이다**(느1:5), **기도하다**(욘4:2).

578. אָנָה ['ânâh][2회] **아나**

원형 여기에서 명사 אֲנִיָּה가 파생됨: 신음하다, 한숨짓다, 사3:26, 19:8.

☞**슬퍼하다**(사3:26), **탄식하다**(사19:8).

579. אָנָה ['ânâh][4회] **아나**

원형 칼형에선 사용되지 않음:

1) 도달하다.

2) 만나다.

3) 참석하다.

피엘형:

1) 어떤 일이 일어나게 하다.

2) 어떤 사람과 우연히 마주치다, 출21:13.

푸알형:

1) [재난 따위] 닥치다, 잠12:21, 시91:10.

힛파엘형:

1) 기회를 노리다(분쟁과 관련된 경우]. [주] 전치사 לְ가 수반됨, 왕하5:7.

☞**넘기다**(출21:13), **미치다**(시91:10), **임하다**(잠12:21), **시비하다**(왕하5:7).

580. אֲנוּ ['ănûw][1회] 아누

대[복수 1인칭 대명사]. אֲנַחְנוּ와 동일하게 쓰임, 587의 압축형: 우리, 렘42:6.

* אֹנוֹ [Ônôw] 오노

207 참조.

581. אִנּוּן ['innûwn][3회] 인눈

아람어 대[인칭대명사]. 히브리어의 הֵם에 해당됨. 여성형은 אִנִּין이 쓰임, 단7:17, 1992와 일치: 그들은, 그것들은, 단2:44.

582. אֱנוֹשׁ ['ĕnôwsh][42회] 에노쉬

명 남 605에서 유래: 사람[아담과 같은 뜻이나 대부분 시어로 쓰임]. [주] 일반적으로는 전 인류에 대한 집합명사로 쓰임, 욥7:17, 15:14, 시8:5(4).

① 무리, 보통 사람들, 사8:1.

② 악한 자, 시9:20, 56:2(1).

☞**사람**(창6:4, 삼하1:11, 겔9:2), **남자**(창13: 8), **동행자**(창24:54,59, 삼상18:27), **백성**(창26:7, 수8:14, 왕상21:13), **주민**(레18:27), **불량배**(신13:13), **쌍방**(신19:17), **무리**(수9:14, 삿19:25, 왕하4:40), **지휘관**(수10:24), **후손**(삿9:28), **대장부**(삼상4:9), **난봉꾼**(대하13: 7), **인생**(욥4:17, 시144:3), **신하**(잠25:1), **인구**(전9:14), **족속**(사45:14), **장정**(렘18:21), **남편**(렘29:6, 44:19, 겔16:45), **친구**(렘38:22).

583. אֱנוֹשׁ ['Ĕnôwsh][3회] 에노쉬

고명 582와 동일: 셋의 아들이자 아담의 손자인 '에노스', 창4:26, 5:6,9.

☞**에노스**(창4:26, 5:6).

584. אָנַח ['ânach][11회] 아나흐

원형 칼형에서는 사용되지 않음.

니팔형: 한숨짓다, 신음하다, 한탄하다, 출2:23, 욥1:18.

① [עַל과 함께 쓰여 신음의 원인을 나타내는 경우], 겔21:12(7).

② [מִן과 함께 쓰여 신음의 원인을 나타내는 경우], 출2:23.

☞**탄식하다**(사24:7, 겔21:6, 욜1:8). **[명] 탄식**(애1:21).

585. אֲנָחָה ['ănâchâh][4회] 아나하

명 여 복수 אֲנָחוֹת, 584에서 유래: 한숨, 신음, 시31:11(10), 애1:22, 사21:2.

☞**탄식**(욥3:24, 시31:10), 사35:10). **[동] 탄식하다**(시6:6).

586. אֲנַחְנָא ['ănachnâ'][4회] 아나흐나

아람어 대[복수 인칭대명사]. אֲנַחְנָה로도 쓰임 [아람어], 587과 동일: 우리, 단3:16, 17, 스4:16.

587. אֲנַחְנוּ ['ănachnûw][120회] 아나흐누

대[복수 인칭대명사]. 단축형은 נַחְנוּ로 쓰임, 595에서 유래:

1) 우리, 창13:8,

2) 우리 자신, 신5:3.

588. אֲנָחֲרָת ['Ănâchărâth][1회] 아나하라트

고명 5170과 동일한 어원에서 유래한 것으로 보임; 협곡, 좁은 통로:

1) 팔레스틴의 한 장소 '아나하랏', 수19:19.

☞**아나하랏**(수19:19).

589. אֲנִי ['ănîy][871회] 아니

대[인칭대명사]. 1인칭 단수. 595의 압축형:

1) 나[보통 주격으로 사용된다].

2) 나로서는, 나의 것, 나 자신, 전2:1, 11,12. [주] 때때로 존재 동사를 내포한다, 창15:7.

590. אֳנִי ['ŏnîy][7회] 오니

명 혼성 절대형과 연계형이 동일, 집합 형사로 쓰임, 579에서 유래한 것으로 보임['운반'이란 의미를 가짐]:

1) 배.

2) 선단, 왕상9:26. [주] 배를 의미하는 단어들은 종종 그릇을 뜻하는 단어들로부터 유래된다.

☞**배**(왕상9:26, 10:11, 사33:21).

591. אֳנִיָּה ['ŏnîyâh][31회] 오니야

명 여 590의 여성형:

1) 배, 잠30:19, 욘1:3,5.

2) 선원.

☞**배**(창49:13, 대하8:18, 욘1:3), 사공(왕상9: 27), **선박**(왕상22:48, 시104:26, 107:23).

592. אֲנִיָּה ['ănîyâh][2회] 아니야

명 여 578에서 유래: 슬픔, 신음, 사29:2.

* אִנִּין ['innîyn] 인닌

581 참조.
☞**애통**(애2:5). **[동] 애곡하다**(사29:2).

593. אֲנִיעָם ['Ănîy'âm]¹회 아니암
고명 남 578과 5971에서 유래; 백성의 슬픔: 한 이스라엘인 '아니암', 대상7:19.
☞**아니암**(대상7:19).

594. אֲנָךְ ['ănâk]⁴회 아나크
명 남 '좁다'라는 의미의 어원에서 유래한 것으로 보임[사용되지 않음]:
1) 납.
2) 다림줄[벽을 쌓을 때 사용되는 줄], 암7:7,8.
☞**다림줄**(암7:7,8).

595. אָנֹכִי ['ânôkîy]³⁵⁹회 아노키
대[인칭대명사]. 1인칭. 혼성: 나[이것은 기본형이지만 이것의 단축형인 589보다 적게 사용된다].
1) [서두의 형식으로 쓰임], 출20:2.
2) [대조형식으로 쓰임], 호1:9.
3) [주어를 강조할 때 쓰임], 호2:10.

596. אָנַן ['ânan]²회 아난
원형 [칼형으로는 사용되지 않음]. 아람어에선 אֲנַן으로 쓰임:
1) 슬퍼하다.
2) 신음하다.
힛포엘형 הִתְאוֹנֵן: 불평하다, 애3:39. [주] 불경스런 개념이 추가되는 경우, 민11:1.
☞**원망하다**(애3:39, 민11:1).

597. אָנַס ['ânaç]¹회 아나쓰
동사 분사형 אֹנֵס: 주장하다, 강요하다, 압박을 가하다, 에1:8.
☞**억지로 하게 하다**(에1:8).

598. אֲנַס ['ănaç]¹회 아나쓰
아람어 동 597과 일치함: 상징적으로 괴롭히다.
☞**어렵다**(단4:9).

599. אָנַף ['ânaph]¹⁴회 아나프
원형 미완료형 יֶאֱנַף:
1) 성내다, 화내다[하나님이], 왕상8:46. [주] 이 말은 더 고상하고 시적인 언어로만 사용됨.
힛파엘형: 화가 나다[전치사 בְּ와 함께 쓰여 해석됨], 신1:37, 4:21, 9:8.
☞**진노하다**(왕상8:46, 시2:12, 신1:37), **분노하다**(시60:1), **노하다**(왕하17:18, 사12:1, 시79:5).

600. אֲנַף ['ănaph]²회 아나프
아람어 명 639와 일치함[복수형으로만 쓰이지만 단수의 뜻을 지님], 복수 אַנְפִּין[같은 뜻의 히브리어는 אַפַּיִם]: 얼굴, 단2:46, 3:19, 용모.
☞**낯**(단3:19).

601. אֲנָפָה ['ănâphâh]²회 아나파
명 여 599에서 유래:
1) 음식으로 사용하는 것이 금지된 부정한 새[구멍이나 강둑에 사는 새], 레11:19, 신14:18.
☞**황새**(레11:19, 신14:18).

602. אָנַק ['ânaq]⁴회 아나크
원형 아람어 אֲנַק:
1) 심히 괴로워하다[극심한 괴로움이나 슬픔을 표현할 때 쓰임], 렘51:52, 겔26:15.
2) 깃을 장식하다[질식시키다는 개념에 나옴].
니팔형: 의미는 칼형의 1)과 동일, 겔9:4, 24:17.
☞**부르짖다**(겔26:15), **신음하다**(렘51:52), **슬퍼하다**(겔24:17), **울다**(겔9:4).

603. אֲנָקָה ['ănâqâh]⁴회 아나카
명 602에서 유래, 연계형 אֶנְקַת: 부르짖음, 신음, 말2:13.
① [포로에게 쓰일 경우] 시79:11, 102:21(20).
② [비참한 사람들에게 쓰일 경우], 시12:6.
☞**도마뱀붙이**(레11:30), **탄식**(시12:6(5), 79: 11, 말2:13).

604. אֲנָקָה ['ănâqâh]¹회 아나카
명 603과 동일: 도마뱀의 일종[이 이름은 우는 소리에서 연유됨], 레11:30.
☞**도마뱀붙이**(레11:30).

605. אָנַשׁ ['ânash]⁸회 아나쉬
원형 נוּשׁ와 같은 말, 수동태 분사형으로만 쓰임 אָנוּשׁ, 수동 분사 여성형 אֲנוּשָׁה: 병든
① [거의 치료불가능한 병이나 상처에 대해 쓰임], 렘15:18, 미1:9, 욥34:6.
② [고통에 대해 쓰임], 사17:11.
③ [재난을 당한 경우에 쓰임], 렘17:16.
④ [악한 마음에 대해 쓰임], 렘17:9.
니팔형: 몸이 매우 약하다, 삼하12:15.
☞**상처를 입다**(욥34:6), **낫지 아니하다**(렘15:18), **부패하다**(렘17:9), **고칠 수 없다**(렘30:12, 미1:9), **앓다**(삼하12:15). **[명] 재앙**(렘17:16).

א

606. אֱנָשׁ ['ĕnâsh][5회] 에나쉬
아람어 명 582와 동일, 강조형 אֱנָשָׁא, 단2:38, אֲנָשָׁא, 단5:21, אֲנוֹשָׁא, 단4:13, 복수, אֲנָשָׁא בְּנֵי, 단4:14, 사람, 사람들, 단4:29,30.
*אַנְתְּ ['ant] 안트
859 참조
☞**사람**(스4:11, 단4:25, 7:4). **[부] 누구든지**(스6:11, 단5:7).

607. אַנְתָּה ['antâh][11회] 안타
아람어 대 [2인칭 대명사] 단수 859와 동일: 당신, 너, 단2:29,31,37,38, 3:10, 5:13, 18,22,23, 6:17,21.

608. אַנְתּוּן ['antûwn][1회] 안툰
아람어 대 [2인칭 대명사] 복수 607의 **복수형**: 당신들, 너희들, 단2:8.

609. אָסָא ['Âça'][58회] 아싸
고명 해로운:
1) 유다의 왕 '아사'[르호보암의 손자이며 아비야의 아들: 41년간 통치함], 왕상15:9−24, 대하14:1(2),7(8).
2) 한 이스라엘 사람의 이름, 대상9:16.
☞**아사**(왕상15:9−24, 대상9:16, 대하14:16).

610. אָסוּךְ ['âçûwk][1회] 아쑤크
명 남 5480에서 유래: 기름병 혹은 단지, 왕하4:2.
☞**병**(왕하4:2).

611. אָסוֹן ['âçôwn][5회] 아쏜
명 남 불확실한 파생어: 손해, 재난, 창42:4,38, 출21:22,23.
☞**재난**(창42:4,38), **재해**(창44:29), **해**(출21:22,23).

612. אֵסוּר ['êçûwr][5회] 에쑤르
명 남 복수 אֲסוּרִים, 631에서 유래:
1) 차꼬[특히 죄수의 수갑], 전7:26.
2) 감옥, 렘37:15.
☞**줄**(삿15:14), **포승**(전7:26), **옥**(렘37:15).

613. אֱסוּר ['êçûwr][3회] 에쑤르
아람어 612와 동일:
1) 띠, 투옥, 단4:15.
2) 스7:26.
☞**놋줄**(단4:15). **[동] 가두다**(스7:24).

614. אָסִיף ['âçîyph][2회] 아씨프
명 남 622에서 유래:
1) 모여진 것.
2) 수확[과일], 출23:16, 34:22.
☞**저장**(출23:16, 34:22).

615. אָסִיר ['âçîyr][15회] 아씨르
명 복수 אֲסִירִים, 631에서 유래:
1) 포로, 욥3:18, 시68:7(6).
2) [여러 사역에 동원되는] 죄수, 사14:17.
☞**죄수**(창39:20,22), **갇힌 자**(욥3:18, 슥9:11, 시68:6, 69:33), **사로잡힌 자**(사14 :17). **[동] 매이다**(시107:10).

616. אַסִּיר ['âççîyr][3회] 앗씨르
명 615와 동일: 죄수, 사10:4, 24:22, 42:7.
☞**죄수**(사24:22), **갇힌 자**(사42:7), **포로된 자**(사10:4).

617. אַסִּיר ['Aççîyr][2회] 앗씨르
고명 615와 동일: 두 이스라엘 사람의 이름 '앗실',
① 출6:24.
② 대상6:22.
☞**앗실**(출6:24, 대상6:22).

618. אָסָם ['âçâm][2회] 아쌈
원형 사용되지 않는 어원, שׂוּם과 같은 뜻:
1) 함께 쌓다.
2) 두다, 놓다.
3) 보관 창고[복수로만 쓰임]. [주] אָסַן과 비교할 것.
☞**창고**(신28:8, 잠3:10).

619. אַסְנָה ['Açnâh][1회] 아쓰나
고명 불확실한 파생어; '창고' 혹은 '가시나무': 느디님의 사람 '아스나', 스2:50.
☞**아스나**(스2:50).

620. אָסְנַפַּר ['Oçnappar][1회] 오쓰납파르
고명 외래어의 파생어: 앗수르 왕 '아스납발', 스4:10[팔레스틴 땅을 통치한 앗수르의 총독이라고 함].
☞**오스납발**(스4:10).

621. אָסְנַת ['Âçenath][3회] 아쎄나트
고명 애굽어의 파생어: 요셉의 아내 '아스낫'[보디베라의 딸이며 헬리오폴리스의 사제이기도 함], 창41:45, 46:20.
☞**아스낫**(창41:45, 46:20).

622. אָסַף ['âçaph][200회] 아싸프
원형 미완료형 יֶאֱסֹף, 명령형 אֱסֹף, אֶסְפָה, 복수 인격 어미활용 יַאַסְפוּ, יַאַסְפֵנִי, 분사 אֹסֵף; 긁어 모으다:
1) 모으다.
① [과일을 수확할 경우], 출23:10.
② [이삭을 주울 경우], 룻2:7.

③ [돈을 모으는 경우], 왕하22:4.
④ [사람들이나 백성들을 모이게 하는 경우], 출3:16, 민21:16.
2) 보호 받다, 신22:2, 수20:4.
3) 모아놓다, 창49:33, 삼상14:19.
4) 옮기다, 제거하다, 시104:29.
5) 없애다, 멸망시키다, 죽이다, 삿18:25, 삼상15:6.

니팔형:
1) 모아지다, 모이다, 레26:25, 삼하17: 11, 대하30:3.
2) 용납되다[나병환자에 대해 사용], 민12:14, 렘47:6.
3)제거되다, 사라지다, 사16:10, 60:20, 렘48:33, 호4:3.

피엘형:
1) 칼형 1)과 동일, 사62:9.
2) 받다, 삿19:18.

힛파엘형: 모아지다, 신33:5.

☞**저축하다**(창6:21), **씻다**(창30:23), **모으다**(출3:16, 렘40:12, 사33:4), **거두다**(출23:10, 욥34:14), **얻다**(신11:14), **오다**(신22:2), **받아들이다**(수20:4), **줍다**(룻2:7, 사10:14), **고쳐주다**(왕하5:6), **고치다**(왕하5:11), **모아들이다**(렘21:4), **빼앗다**(렘16:5), **거두어들이다**(신16:13), **주다**(렘8:13), **소집하다**(습3:8), **꾸리다**(렘10:17), **멸하다**(삼상15:6), **불러모으다**(삼상14:52), **영접하다**(시27:10, 삿19:15), **호위하다**(사58:8, 52:12), **돌아가다**(왕하22: 20, 삿2:10, 신32:50), **멸망하다**(겔34:29), **모이다**(창29:3, 레26:25, 렘4:5), **들어가다**(왕하22:20, 대하34:28, 렘47:6), **모여오다**(대상11:13), **빼앗기다**(렘48:33), **들어오다**(민12: 14,15), **돌아오다**(출9:19, 민11:30), **물러가다**(시104:22), **회집하다**(사43:9), **없어지다**(호4:3), **모이게 하다**(사49:5), **함께 하다**(신33: 5), **모여지다**(슥14:14), **모이게 되다**(사24: 22). **[부] 반드시**(미2:12). **[명] 후진**(민10:25), **후군**(수6:9, 13).

623. אָסָף ['Âçâph][46회] 아싸프
고명 중 622에서 유래; 모으는 사람: 세 이스라엘 사람의 이름 '아삽'.
1) 다윗에 의해 임명된 찬양하는 자의 우두머리, 대상16:5. 그는 후대에 시인이며 선지자로 칭송을 받았다, 대하29: 13.
2) 왕하18:18.
3) 느2:8.
☞**아삽**(대상25:1, 대하20:14).

624. אָסֻף ['âçûph][3회] 아쑤프
명 622의 수동태 분사형 명사[복수형으로만 쓰임]; 모아진: 헌물, 곳간, 문지방.
☞**곳간**(대상26:15,17, 느12:25).

625. אֹסֶף ['ôçeph][3회] 오쎄프
명 622에서 유래; 무더기: 모임, 수집, 수확[특히 과일에 대해 사용], 사32:10, 33:4, 미7:1.
☞**수확**(사32:10), **모음**(사33:4). **[동] 따다**(미7:1).

626. אֲסֵפָה ['ăçêphâh][1회] 아쎄파
명 여 622에서 유래: 백성의 모임[부사적으로 사용됨], 사24:22.
☞**모임**(사24:22).

627. אֲסֻפָּה ['ăçuppâh][1회] 아쑤파
명 여 복수 אֲסֻפּוֹת로만 쓰임, 624의 여성형: 회중, 집회[특히 학식있는 사람들의 모임], 전12:11.
☞**회중**(전12:11).

628. אַסְפְּסֻף ['açpeçûph][1회] 아쓰페쑤프
형 624에서 온 중복형: 같이 모여진, 뒤섞인.
☞**다른 인종들**(민11:4).

629. אָסְפַּרְנָא ['ocparnâ'][7회] 오쓰파르나
아람어 부 페르시아어의 파생어:
주의깊게, 부지런히, 즉시,
스5:8, 6:8,12,13, 7:17,21,26.
☞**부지런히**(스5:8), **신속히**(스6:8,13, 7:21), **속히**(스7:26).

630. אַסְפָּתָא ['Acpâthâ'][1회] 아쓰파타
페르시아어 고명 '말'이란 뜻을 가짐: 하만의 아들 '아스바다', 에9:7.
☞**아스바다**(에9:7).

631. אָסַר ['âçar][72회] 아싸르
원형 미완료형 יֶאְסֹר와 יֶאֱסֹר, 인칭어미활용 וַיַּאַסְרֵהוּ와 וַיַּאַסְרֵהוּ, 분사 אָסוּר:
1) 매다, 죄다, 어떤 것에 매다.
2) 결박하다, 창42:24, 시149:8, 렘40:1, 왕하25:7. [주] 비유적으로 여자에 대한 사랑의 노예가 된 사람에게 사용됨, 아7:6(5).
3) 포로로 하다, 구속하다, 왕하17:4, 23: 33. [주] 분사로 쓰이며 '죄수'가 됨, 창40:3,5, 사49:9.
4) 수레를 끌도록 가축에 멍에를 매다. 삼상6:7.

5) 싸움에 가담하다, 싸움을 시작하다, 왕상20:14, 대하13:3.
6) 삼가하다, 절제하다, 민30:3.
니팔형:
1) 매이다, 삿16:6,13.
2) 구속되다, 창42:16,19.
푸알형: 전쟁 포로가 되다, 사22:3.
☞**결심하다**(민30:3), **결박하다**(삿16:5, 렘52:11), **메우다**(삼상6:7), **속박을 받다**(욥36:13), **동여매다**(겔3:25), **차다**(느4:18), **걸리다**(호10:10), **갖추다**(왕상18:44, 창46:29), **매다**(시118:27), **싸움을 시작하다**(왕상20: 14), **감금하다**(왕하17:4), **가두다**(왕하23:33), **택하다**(대하13:3), **동이다**(욥12:18), **갇히다**(창40 :3), **결박되다**(삼하3:34, 렘40:1), **매이다**(욥36:8, 아7:5). **[명] 갇힌 자**(시146:7, 사61:1), **옥**(창40:5, 삿16:21).

632. אֱסָר ['ĕçâr][7회] 에싸르
명 남 절대형 אִסָּר, 어미활용 אֱסָרָהּ, 복수 אֱסָרֶיהָ, 민30:6(5),8(7), 631에서 유래; 의무, 금지: 금욕의 맹세, 민30:3.
☞**서약**(민30:4,7,11).

633. אֱסָר ['ĕçâr][6회] 에싸르
아람어 명 632와 일치[법적인 의미에서]: 법령, 금지, 단6:8.
☞**금령**(단6:7,9,15).

634. אֵסַר־חַדּוֹן ['Êçâr-Chaddôwn][3회] 에싸르핫돈
고명 앗시리아어에서 유래: 앗시리아의 왕으로서 산헤립 왕의 아들이자 계승자인 '에살핫돈', 왕하19:37, 사37:38, 스4:2.
☞**에살핫돈**(왕하19:37, 사37:38).

635. אֶסְתֵּר ['Eçtêr][55회] 에쓰테르
고명 페르시아어에서 유래: 유대인 여자 '에스더'를 가리킴. [주] 주로 '하닷사'로 불림.
☞**에스더**(에2:7).

636. אָע ['â'][5회] 아
아람어 명 강조형 אָעָא, 6086과 일치: 나무, 목재, 스5:8, 6:4,11, 단5:4.
☞**나무**(스5:8, 6:4), **들보**(스6:11), **목**(단5:4,23).

637. אַף ['aph][277회] 아프
부 1) [더 큰 것에 첨가하는 의미로 사용될 경우], 심지어, 그 외에도.
2) [단순한 첨가의 의미로 사용되는 경우], 또한, 레26:16,28, 삼하20:14, 시93:1, 108:2(1), 욥32:10.
3) [조건 불변사가 생략된 채 사용될 경우], 비록 ~일지라도, 욥19:4.
☞**더불어**(대상8:32), **하물며**(욥4:19, 삼상14:30, 왕상8:27), **참으로**(창3:1).

638. אַף ['aph][1회] 아프
아람어 부 637과 일치함: 또한, 단6:23.

639. אַף ['aph][134회] 아프
명 남 어미 활용 אַפִּי, אַפּוֹ, 599에서 유래; 호흡하는 곳:
1) 코
① [사람에 대해 사용], 민11:20.
② [동물에 대해 사용], 욥40:24.
③ [자존심에 대해 사용], 욥4:9.
쌍수 אַפַּיִם:
1) 콧구멍, 코, 창2:7.
2) 노여움, 성냄.
3) 얼굴, 용모, 창3:19.
4) 두 사람[얼굴 즉 사람의 의미를 지닌 단수 אַף의 쌍수로서 사용될 경우].
5) 이스라엘 남자의 이름 '압바임', 대상2:30,31.
☞**코**(창2:7, 삼하22:9, 시115:6), **얼굴**(창3: 19, 삼상25:41), **분노**(창27:45, 신29:20, 렘12:13), **노**(창30:2, 삼상11:6, 겔22:20), **분기**(창49:7), **콧김**(출15:8), **진노**(민11:10, 스8:22, 사3:8), **머리**(민22:31), **노염**(시30:5), **분**(욥37:11). **[동] 노여워하다**(합3:8), **노하다**(창39:19, 출11:8, 욥27:3), **분노하다**(신9:19, 단9:16, 호13:11), **울분을 터뜨리다**(욥18:4).

640. אָפַד ['aphad][2회] 아파드
동 미완료형 יֶאְפֹּד, 646에서 유래: 입다, 매다[특히 대제사장의 에봇에 대해 사용], 출29:5, 레8:7.
☞**띠를 띠게 하다**(출29:5), **매다**(레8:7).

641. אֵפֹד ['Êphôd][1회] 에포드
고명 남 646의 단축형: 한 이스라엘 사람의 이름 '에봇', 민34:23.
☞**에봇**(민34:23).

642. אֲפֻדָּה ['êphuddâh][3회] 에풋다
명 여 640의 능동태 명사 여성형:
1) 입기, 매기[에봇을], 출28:8.
2) 금으로 도금하다, 동상을 도금하다, 사30:22.
☞**에봇**(출28:8, 39:5).

643. אַפֶּדֶן ['appeden][1회] 압페덴
명 외래어에서 파생된 것으로 보임: 왕궁, 장

막, 단11:45.

☞**궁전**(단11:45).

644. אָפָה ['âphâh][13회] 아파

원형 미완료형 יֹאפֶה, 명령형 אֵפוּ, 출16:23:

1) 요리하다, 굽다[특히 요리판으로 빵이나 과자를 굽는 경우에 사용됨], 창19:3, 레26:26, 사44:15,19. [주] 분사형 אֹפֶה로 쓰일 경우 '빵굽는 사람'의 뜻을 가짐, 창40:1.

2) 완성되다, 온전하게 되다.

니팔형: 복수 인칭 어미활용 תֵּאָפֶינָה, 레23:17: 요리되다, 구워지다, 레6:10(17), 7:9.

☞**굽다**(창19:3, 출16:23, 레6:17), **떡 굽다**(창40:2,22, 41:10), **떡 만들다**(렘37:21), **과자 만들다**(호7:4,6). **[명] 떡 굽는 자**(창40:1,5, 삼상8:13).

645. אֵפוֹ ['ephôw][15회] 에포

부 [항상 앞 단어를 강조하는 후접사 역할을 함]; 여기, 지금:

1) [부사로 쓰일 경우], 아주, 전연, 전혀, 창43:11.

2) ① [의문 대명사나 의문 부사를 강조하여 함께 쓰일 경우], 바로, 지금, 출33:16, 사22:1, 욥17:15, 삿9:38, 사19:12, 창27:37.

② [권고나 바람의 의미가 강조될 경우], 욥19:6.

③ [부정 불변사나 긍정 불변사와 함께 쓰일 경우], 욥9:24, 욥24:25, 창43:11.

646. אֵפוֹד ['êphôwd][49회] 에포드

명 남 연계형과 동일, 시리아어에서 유래된 것으로 보임:

1) 소매가 짧은 겉옷 위에 걸치는 대제사장의 옷 혹은 띠 '에봇'[이 옷은 길이가 허벅지 중간까지 내려오며 띠로 몸을 조인다], 출28:6-12.

2) 동상, 우상, 삿8:27, 삿17:5, 18:17- 20, 호3:4.

고명 남 한 이스라엘 남자의 이름 '에봇', 민34:23.

☞**에봇**(출25:7, 삿18:20, 삼상30:7).

647. אֲפִיחַ ['Ăphîyach][1회] 아피아흐

고명 남 6315에서 유래한 것으로 보임; 재상된, 새로워진: 한 이스라엘 사람 '아비아', 삼상9:1.

☞**아비아**(삼상9:1).

648. אָפִיל ['âphîyl][1회] 아필

형 651과 동형에서 유래['약함'의 의미로부터 유래]: 설익은, 늦은[과일이나 곡물에 대해 사용], 출9:32.

☞**자라지 아니한**(출9:32).

649. אַפַּיִם ['Appayim][2회] 압파임

고명 639의 쌍수; 두 콧구멍: 한 이스라엘 사람의 이름 '아바임', 대상2:30,31.

☞**아바임**(대상2:30,31).

650. אָפִיק ['âphîyq][19회] 아피크

명 남 연계형 אֲפִיק, 복수 אֲפִיקֵי, 622에서 유래[항상 연계형으로 쓰임]:

1) 통로, 관, 욥40:18.

① 시냇물의 바닥, 사8:7, 겔32:6. [주] 바다의 밑바닥도 포함됨, 삼하22:16.

② 개천, 시냇물, 시 42:2(1), 126:4, 욜1:20.

③ 계곡[특히 시냇물이 흐르는], 겔6:3, 34:13, 35:8, 36:4,6. 2)강함, 힘셈.

☞**강한 자**(욥12:21), **비늘**(욥41:15), **시냇물**(시42:1), **시내**(시126:4, 겔36:4, 욜 1:20), **시냇가**(아5:12, 겔34:13), **물가**(겔31:12). **[동] 물대다**(겔32:6).

651. אָפֵל ['âphêl][1회] 아펠

형 남 '해가 지다'는 의미를 지닌 사용하지 않는 어원에서 유래: 어스레한, 어두운, 암5:20.

☞**캄캄한**(암5:20).

652. אֹפֶל [ôphel][9회] 오펠

명 남 651과 동형에서 유래: 어둠[특히 칠흙 같은 어둠을 나타냄]

① [시어로 사용된 경우], 욥3:6, 10:22, 28:3, 30:26.

② [비유적으로 사용된 경우], 불행, 재난.

③ 매복 장소, 시11:2.

☞**어둠**(욥3:6), **흑암**(욥10:22, 30:26, 시91:6). **[형] 어둡다**(시11:2), **캄캄하다**(사29:18).

653. אֲפֵלָה ['ăphêlâh][10회] 아펠라

명 여 복수 אֲפֵלוֹת, 사59:9, 651의 여성형: 칠흑같은 어둠, 출10:22. [주] 종종 '불행'이나 '재난'을 나타낸다, 사8:22.

☞**캄캄한**(출10:22, 욜2:2), **어두운**(신28:29, 습1:15), **깊은**(잠7:9). **[명] 흑암**(사8:22, 렘23:12), **어둠**(잠4:19, 사58:10).

654. אֶפְלָל ['Ephlâl][2회] 에플랄

고명 남 6419에서 유래; 재판관: 한 이스라엘 인의 이름 '에블랄', 대상2:37.
☞**에블랄**(대상2:37).

655. אֹפֶן ['ôphen][1회] **오펜**
명 '회전하다' 혹은 '돌다'는 의미의 사용하지 않는 어원에서 유래: 시절.
☞**시간, 계절, 합당함**(잠25:11).

656. אָפֵס ['âphêç][5회] **아페쓰**
원형 사라지다, 끝나다, 실패하다, 창47:15,16, 시77:9(8), 사16:4.
☞**(돈이) 떨어지다**(창47:15,16), **다하다**(시77:8), **망하다**(사16:4), **소멸되다**(사29:20).

657. אֶפֶס ['epheç][43회] **에페쓰**
명 부 접 656에서 유래:
1) [남성 명사로 쓰일 경우]
① 끝, 극단, 시2:8, 22:28(27).
② [극단의 쌍수형으로 쓰일 경우 אַפְסַיִם], 발바닥, 발목, 겔47:3.
2) [부사로 쓰일 경우]
① 그이상 멀지 않는, 사5:8, 암6:10, 신32:36, 더 이상 ~않다, 사45:6, 46:9.
② ~아닌, 사54:15.
③ 조금도 ~아니다, 전혀 ~않다, 사41:12,29.
④ 오직, 민22:35, 23:13.
⑤ [접속사 כִּי와 함께 쓰일 경우] 그러나, 그럼에도 불구하고, 민13:28, 신15:4, 암9:8.
☞**[명] 끝, 극단**(신33:17, 시2:8). **[부] 더 이상 아니**(신32:36 사5:8), **아니, ~없이**(욥7:6 잠14:28), **아무 것도 아닌**(사40:17), **단지, 오직**(민22:35). **[접] 단지, 어쨌든, 그럼에도 불구하고**(민13:28, 암9:8).

658. אֶפֶס דַּמִּים ['Epheç Dammîym][1회] **에페쓰 담밈**
고명 657과 1818의 복수형에서 유래; 핏방울의 한계선: 유다 족속에 속한 한 장소 '에베스담밈', 삼상17:1.
☞**에베스담밈**(삼상17:1).

659. אֵפַע ['êpha'][1회] **에파**
형 '호흡하다'라는 의미의 사용하지 않는 어원에서 유래한 것으로 보임: 보잘것없는, 아무것도 아닌, 사41:24. [주] 사41:24에서 사용되는 의미는 무기력한 우상을 나타냄.
☞**허망한**(사41:24).

660. אֶפְעֶה ['eph'eh][3회] **에프에**
명 혼성 어원은 659와 동일['휙 소리내다'는 의미로부터 유래]: 살모사, 독있는 뱀. [주] 사59:5는 여성명사로 쓰였음.
☞**뱀**(욥20:16), **독사**(사30:6, 59:5).

661. אָפַף ['âphaph][5회] **아파프**
원형 둘러싸다, 에워싸다[시어로만 쓰임]
① [목적격이 수반되는 경우], 시18:5(4), 116:3, 삼하22:5, 욘2:6(5).
② [עַל이 수반되는 경우], 시40:13(12).
☞**에우다**(삼하22:5), **얽다**(시18:4), **둘러싸다**(시40:12), **두르다**(시116:3, 욘2:5).

662. אָפַק ['âphaq][7회] **아파크**
동 [칼형으로는 사용되지 않음]:
1) 계속 유지하다, 굳게 계속되다.
2) 강하다, 강력하다.
힛파엘형: 자제하다, 삼가다.
① [감정의 충동에 대해], 창43:31, 45:1.
② [슬픔에 대해], 사42:14.
③ [노여움에 대해], 에5:10.
④ [양심에 대해], 삼상13:12.
☞**억제하다**(창43:31), **참다**(사42:14, 에5:10), **부득이하다**(삼상13:12).

663. אֲפֵק ['Ăphêq][8회] **아페크**
고명 662에서 유래; 힘, 요새, 요새화된 성: 팔레스틴의 세 장소 이름 '아벡'
① 아셀 지파에 속한 성의 이름, 수13:4, 19:30.
② [①과는 다른 곳으로] 이 근방에선 벤하닷이 이스라엘 족에 의해 참패를 당했었다, 왕상20:26.
③ 이스라엘 근방에 있으며 잇사갈 지파에 속한 곳[이곳에서 이스라엘 족은 블레셋족과 수 차례 전쟁을 치렀다], 삼상4:1, 29:1. [주] ①이나 ②가운데 하나는 가나안 족의 수도이기도 했다, 수12:18.
☞**아벡**(수13:4, 삼상4:1, 29:1, 왕상20:26).

664. אֲפֵקָה ['Ăphêqâh][1회] **아페카**
고명 663의 여성형; 힘: 유다 산지에 있는 부락 이름 '아베가', 수15:53.
☞**아베가**(수15:53).

665. אֵפֶר ['êpher][22회] **에페르**
명 남 '흐트러 뿌리다'는 의미를 갖는 사용하지 않는 어원에서 유래; 재: 민19:9,10, 삼하13:19. [주] 이 말은 주로 슬픔을 표현할 때 사용됨, 렘6:26, 애3:16.

☞**재**(창18:27, 민19:9, 욥13:12, 말4:3).

666. אֵפֶר ['ăphêr][2회] **아페르**

명 남 665에 동형에서 유래['덮는다'는 의미로부터]: 머리 덮개, 머리를 덮는 띠, 왕상 20:38,41.

☞**수건**(왕상20:38,41).

667. אֶפְרֹחַ ['ephrôach][4회] **에프로아흐**

명 남 6524에서 유래['껍질을 깨다'는 의미로부터]: 새의 새끼, 신22:6, 시84:4(3).

☞**새끼**(신22:6, 욥39:30, 시84:3).

668. אַפִּרְיוֹן ['appiryôwn][1회] **압피르욘**

명 남 애굽어의 파생어에서 유래한 것으로 보임: 들 것, 일인승 가마, 아3:9. [주] 이 단어는 아가서에 단 1회 사용됨.

☞**가마**(아3:9).

669. אֶפְרַיִם ['Ephrayim][180회] **에프라임**

고명 672의 남성형 쌍수; 두 배의 땅:

1) 요셉의 막내 아들로서 에브라임 지파의 조상인 '에브라임', 수16:5. [주] 이 지역에 에브라임 산지가 있다. 수19:50, 20:7, 21:21, 삿2:9, 3:27. 그러나 '에브라임 수풀'에 나오는 에브라임은 요단강 동쪽에 있는 것이 확실하다, 삼하18:6.

2) 열 지파에 의해 형성된 왕조와 백성을 가리킴[특히 이 말은 선지서에서 표현됨], 사9:9, 17:3, 28:3, 호4:17, 5:3.

☞**에브라임**(수16:5).

670. אֲפָרְסָי ['Ăphâreçay][1회] **아파레싸이**

아람어 고명 복수로만 사용됨. 외래어: 사마리아로 끌려온 식민족 '아바삿 족속', 스4:9.

☞**아바새 사람**(스4:9).

671. אֲפַרְסְכָי ['Ăpharçekay][1회] **아파르쎄카이**

*אֲפַרְסַתְכָי ['Ăpharçathkay] **아파르싸트카이**

아람어 고명 복수로 사용됨, 외래어: 두 앗수르족의 이름 '아바삭 족속', 스4:9, 5:6.

☞**아바삭 사람**(스5:6).

672. אֶפְרָת ['Ephrâth][4회] **에프라트**

고명 6509에서 유래; 열매를 많이 맺음:

1) 유다 지파에 속한 마을의 이름 '에브랏', 창48:7[그 외의 곳에서는 베들레헴으로 불림].

2) ['에브라임' 과 같은 뜻으로 사용되는 경우], 시132:6.

3) [여자의 이름으로 쓰이는 경우], 대상2:19,50, 4:4.

☞**에브랏**(창48:7).

673. אֶפְרָתִי ['Ephrâthîy][5회] **에프라티**

명 남 복수 **אֶפְרָתִים**, 룻1:2, 672에서 유래한 족속의 명칭:

1) '에브랏인' 혹은 에브라임 사람, 삼상17:12.

2) 한 에브라임 사람을 가리킬 때 사용, 삿12:5, 삼상1:1, 왕상11:26.

☞**에브랏 사람**(삼상17:12), **에브라임 사람**(삿12:5, 삼상1:1, 왕상11:26).

674. אַפְּתֹם ['appethôm][1회] **압페톰**

아람어 부 페르시아어에서 유래: 마침내, 끝내, 최종적.

☞**결국**(스4:13).

675. אֶצְבּוֹן ['Etsbôwn][2회] **에츠본**

고명 어원이 불확실한 파생어: 두 이스라엘 사람의 이름 '에스본'

① 갓의 아들, 창46:16.

② 대상7:7.

☞**에스본**(창46:16, 대상7:7).

676. אֶצְבַּע ['etsba'][31회] **에츠바**

명 여 어미활용 **אֶצְבָּעִי**, 복수 **אֶצְבָּעוֹת**, 6648과 동형에서 유래['잡다'는 의미로부터]; 잡는 것:

1) 손가락, 출31:18 [특히 어떤 것을 파는데 사용되는 손가락 앞부분을 가리킴, 레4:6, 14:16, 출8:15(19)].

2) [**רַגְלַיִם**이 수반되는 경우] 발가락, 삼하21:20.

☞**권능**(출8:19), **손가락**(레4:6, 시8:3, 사2:8), **발가락**(삼하21:20, 대상20:6), **손가락질**(잠6:13, 사58:9). **[부] 친히**(출31:18).

677. אֶצְבַּע ['etsba'][3회] **에츠바**

아람어 명 676과 일치함. 복수 **אֶצְבְּעָן**:

1) [손가락에 대해 사용될 경우], 단5:5.

2) [발가락에 대해 사용될 경우], 단2: 41,42.

☞**발가락**(단2:41,42), **손가락**(단5:5).

678. אָצִיל ['âtsîyl][2회] **아칠**

명 남 680에서 유래[이차적인 의미로 쓰이는 '분리'로부터]:

1) 한 면, 한 방면, 한 쪽, 사41:9.

2) [형용사로 쓰이는 경우] 깊이 뿌리를 박은, 출24:11.

☞**존귀한 자**(출24:11, 사41:9).

679. אַצִּיל ['atstsîyl][3회] **앗칠**

명 남 680에서 유래[일차적인 의미로 쓰이는 '결합하다'로부터]: 결합, 이음매, 렘38:12, 겔41:8.

☞**겨드랑이**(렘38:12), **팔뚝**(겔13:18). **[형] 큰**(겔41:8).

680. אָצַל ['âtsal][5회] 아찰

원형 1) 결합하다, 함께 연결시키다.

2) 분리시키다.

① [전치사 מִן이 수반되는 경우] ~로부터 제거하다, 민11:17, 거부하다, 전2:10.

② [전치사 לְ가 수반되는 경우] 어떤 것을 위해 비축하다, 준비하다, 창27:36.

니팔형: 협소해지다, 겔42:6.

히필형. 미완료형 וַיָּאצֶל: 뜻은 칼형 2)와 동일, 민11:25.

☞**남기다**(창27:36), **임하다**(민11:17,25), **금하다**(전2:10), **좁아지다**(겔42:6).

681. אֵצֶל ['êtsel][61회] 에첼

명 전 680에서 유래:

1) [명사로 쓰일 경우] 한 면, 한 쪽, 한 방면, 삼상20:41, 왕상3:20. [주] 격어미 활용 אֶצְלִי.

2) [전치사로 쓰일 경우] ~근처에, 창41:3, 레1:16, 6:3, 10:12, 삼상5:2, 20:19. [주] 이 단어는 한 장소로 향하는 동작 동사와 함께 쓰이기도 함, 창39:10, 대하28:15.

☞**함께**(창41:3, 단10:13), **가까이**(삿19:14, 잠7:8). **[동] 가깝다**(왕상21:1). **[명] 근처**(느4:12, 렘41:17), **오른쪽**(느8:4), **근방**(왕상1:9).

682. אָצֵל ['Âtsêl][7회] 아첼

고명 남 680에서 유래; 고귀한:

1) 한 이스라엘 사람의 이름 '아셀', 대상8:37, 9:43.

2) 팔레스틴의 한 장소 이름 '아셀' [예루살렘 근방에 있음], 슥14:5.

☞**아셀**(대상8:37, 9:43).

683. אֲצַלְיָהוּ ['Ătsalyâhûw][2회] 아찰야후

고명 남 680과 3050에서 유래한 연장형; 여호와께서 예비하셨다: 한 이스라엘 사람의 이름 '아살리야', 대하34:8.

☞**아살리야**(대하34:8).

684. אֹצֶם ['Ôtsem][2회] 오쳄

고명 남 '강하다'라는 의미의 사용하지 않는 어원에서 유래; 강함, 힘셈: 두 이스라엘 사람의 이름 '오셈'.

1) 대상2:15.

2) 대상2:25.

☞**오셈**(대상2:15).

685. אֶצְעָדָה ['ets'âdâh][2회] 에츠아다

명 여 6807에서 유래한 어미 변화형;발 묶는 사슬: 팔찌[어원에 상관없이 단어의 뜻을 유추함으로써 생긴 것으로 보임], 민31:50, 삼하1:10.

☞**고리**(민31:50, 삼하1:10).

686. אָצַר ['âtsar][5회] 아차르

원형 저장하다, 쌓다, 왕하20:17, 사39:6, 암3:10.

니팔형: [칼형의 수동적 의미] 사23:18.

히필형: 창고에 쌓게 하다, 느13:13.

☞**쌓아 두다**(왕하20:17, 사39:6, 23:18), **쌓다**(암3:10). **[명] 창고지기**(느13:13).

687. אֵצֶר ['Êtser][5회] 에체르

고명 686에서 유래; 보물: 한 이두매 사람의 이름 '에셀', 창36:21,30.

☞**에셀**(창36:21,30).

688. אֶקְדָּח ['eqdâch][1회] 에크다흐

명 남 6916에서 유래; 불타는: 보석, 주옥. [주] '맹렬함' 혹은 '불꽃이 튐'의 뜻을 갖고 있는 어원에서 유래.

☞**석류석**(사54:12).

689. אַקּוֹ ['aqqôw][1회] 악코

명 남 602에서 유래한 것으로 보임; 가느다란: 야생염소, 신14:5.

☞**산(山) 염소**(신14:5).

690. אֲרָא ['Ărâ'][1회] 아라

고명 남 738에서 유래한 것으로 보임; 사자: 한 이스라엘 사람의 이름 '아라', 대상7:38.

☞**아라**(대상7:38).

691. אֶרְאֵל ['er'êl][1회] 에르엘

명 아마도 אֲרִיאֵל, 739와 같은 뜻의 말로 보임: 하나님의 사자, 영웅.

☞**용사**(사33:7).

692. אַרְאֵלִי ['Ar'êlîy][3회] 아르엘리

고명 남 691에서 유래; 한 영웅에게서 태어난, 영웅의 아들: 한 이스라엘 사람의 이름 '아렐리', 창46:16, 민26:17.

☞**아렐리**(창46:16, 민26:17).

693. אָרַב ['ârab][25회] 아라브

원형 미완료형 יֶאֱרֹב:

1) 결합하다, 엮다, 뒤얽히게 하다.

2) 잠복하다.

① [전치사 לְ가 수반되는 경우], 시

59:4(3), 잠24:15, 수8:4.
② [목적격이 수반되는 경우], 잠12:6.
③ [עַל이 수반되는 경우], 삿9:34.
④ [동명사가 수반되는 경우], 시10:9.
피엘형: [칼형과 같이 전치사 עַל이 수반됨], 대하20:22.
히필형: 매복시키다, 삼상15:5. [주] 미완료형은 וַיֶּאֱרֹב 대신 וַיָּרֶב가 사용됨.
☞**기다리다**(신19:11, 잠7:12, 애3:10), **숨다**(삿21:20), **매복하다**(애4:19, 삿9:32, 수8:4), **엿보다**(잠12:6, 24:15), **엎드리다**(잠1:11,18), **복병시키다**(삼상15:5), **매복시키다**(수8:12, 삿16:9). **[명] 복병**(수8:2, 삿20:33, 렘51:12).

694. אֲרָב ['Ărâb][1회] 아라브
고명 693에서 유래; 잠복, 매복: 유다 산지에 있는 한 마을 이름 '아랍', 수15:52.
☞**아랍**(수15:52).

695. אֶרֶב ['ereb][2회] 에레브
명 남 693에서 유래:
1) 잠복, 매복[들짐승에 대해 사용], 욥38:40.
2) 매복 장소, 들짐승이 거하는 굴, 욥37:8.
☞**땅 속**(욥37:8), **기다림**(욥38:40).

696. אֹרֶב ['ôreb][2회] 오레브
명 남 어미활용 אָרְבּוֹ, 693에서 유래: 매복, 렘9:8.
☞**[해(害)를] 꾸밈**(렘9:8).

697. אַרְבֶּה ['arbeh][24회] 아르베
명 남 7235에서 유래: 메뚜기[특히 유별난 종류의 메뚜기를 나타냄], 출10:4, 레11:22, 욜1:4, 시78:46.
☞**메뚜기**(출10:4, 왕상8:37, 욜1:4), **황충**(렘46:23).

698. אָרֳבָה ['orŏbâh][1회] 오로바
명 여 복수 אָרְבּוֹת, 복수연계형 אָרְבּוֹת, 696의 여성형: 매복, 사25:11. [주] 복수로만 사용됨.
☞**능숙함**(사25:11).

699. אֲרֻבָּה ['ărubbâh][9회] 아룹바
명 여 복수 אֲרֻבּוֹת, [단수는 단 한 번 사용되고 그 외에는 항상 복수로 사용됨], 693의 여성 수동태 분사:
1) 창[유리가 아닌 격자로 만들어진 창], 전12:3.
2) 비둘기 장[격자로 닫혀진 비둘기 장], 사60:8.
3) 굴뚝, 호13:3.
4) 하늘의 창[비가 올 때 열려지는 창], 창7:11, 8:2, 왕하7:19, 사24:18, 말3:10.
☞**창문**(창7:11), **창**(왕하7:2, 전12:3), **문**(사24:18, 말3:10), **보금자리**(사60:8), **굴뚝**(호13:3).

700. אֲרֻבּוֹת ['Ărubbôwth][1회] 아룹보트
고명 699의 복수형: 유다 지파에 속한 곳의 이름 '아룹봇', 왕상4:10.
☞**아룹봇**(왕상4:10).

701. אַרְבִּי ['Arbîy][1회] 아르비
명 694에서 유래한 족속의 명칭: 아랍인, 아랍태생, 삼하23:35.
☞**아르밧 사람**(삼하23:35).

702. אַרְבָּעָה ['arba'][154회] 아르바
수 여 남성 אַרְבָּעָה, 여성연계형 אַרְבַּעַת, 7251에서 유래: 넷.
① 넷째[햇수나 달수를 계산할 때 사용됨], 사36:1, 슥7:1.
② 네 배[쌍수 אַרְבַּעְתַּיִם로 사용될 경우], 삼하12:6.
③ 사십[복수 אַרְבָּעִים로 사용될 경우], 창8:6.
☞**넷(출22:1, 민29:13, 왕상7:34), 사(창11:13, 민1:27, 삼상4:2), 나흘(삿11:40), 넉 달(삼상27:7), 사방**(겔42:20).

703. אַרְבַּע ['arba'][5회] 아르바
아람어 수 여 히브리어와 동일한 형, 702와 유래가 같음: 넷, 단3:25, 7:2, 3,6,17.
☞**사**(스6:17), **넷**(단7:3,6).

704. אַרְבַּע ['Arba'][3회] 아르바
고명 702와 유래가 같음: 거인족인 아낙 사람의 이름, 수14:15, 15:13, 21:11.
☞**아르바**(수14:15, 15:13, 21:11).

705. אַרְבָּעִים ['arbâ'îym][36회] 아르바임
수 여 702의 복수: 사십, 창8:6 [702 참조].
☞**사십**(창7:4, 출24:18, 겔29:13), **마흔**(출26:19,21).

706. אַרְבַּעְתַּיִם ['arba'tayim][1회] 아르바타임
수 여 702의 쌍수: 네 배, 삼하12:6 [702 참조].
☞**네 배**(삼하12:6).

707. אָרַג ['ârag][5회] 아라그
원형 미완료형 יֶאֱרֹג, 분사 אוֹרֵג:
1) 주름을 잡다, 접다[사사기에서 인용].
2) 짜다, 엮다[거미에 대해 사용], 사59:5.

☞짜다(삿16:13, 왕하23:7), 직조하다(출39: 27). [명] 야레오르김(삼하21:19), 베틀(삼상17:7, 대상20:5, 사38:12).

708. אֶרֶג ['ereg][2회] 에레그
명 남 707에서 유래:
1) 주름잡힌 것, 짜여진 것, 삿16:14.
2) 베틀의 북, 직공의 북, 욥7:6.
☞베틀(삿16:14), 베틀의 북(욥7:6).

709. אַרְגֹּב ['Argôb][5회] 아르고브
고명 7236과 동형에서 유래; 돌이 많은:
1) 요단강 동쪽에 위치한 지역 '아르곱', 그곳에는 고대의 바산 왕 옥의 치하에 있던 성이 60여개나 된다, 신3:4,13, 왕상4:13.
2) 한 사람의 이름 '아르곱', 왕하15:25.
☞아르곱(신3:4, 왕상4:13).

710. אַרְגְּוָן ['argevân][1회] 아르게반
명 713의 어미 변화형: 자주색, 대하2:6(7) [단 한 번만 사용됨].
☞자색(대하2:7).

711. אַרְגְּוָן ['argevân][3회] 아르게반
명 713의 어미 변화형: 주홍색.
☞자주(단5:7,16,29).

712. אַרְגַּז ['argâz][3회] 아르가즈
명 남 '달려 있다'는 의미를 가진 7264에서 유래된 것으로 보임: 궤, 상자[수레의 측면에 달려있는 것을 나타냄], 삼상6:8, 11,15.
☞상자(삼상6:8,11,15).

713. אַרְגָּמָן ['argâmân][38회] 아르가만
명 남 외래어:
1) 주홍색.
2) 자주색으로 물들인 것, 자주색 옷, 출25:4, 겔27:16, 잠31:22, 렘10:9.
☞자색(출25:4, 민4:13, 겔27:7), 자색 옷(잠31:22).

714. אַרְדְּ ['Ard][2회] 아르드
고명 '방랑하다'는 의미의 사용되지 않는 어원에서 유래한 것으로 보임; 도망하는: 두 이스라엘 사람의 이름 '아롯'.
1) [베냐민의 손자], 민26:40.
2) [베냐민의 아들], 창46:21.
☞아롯(창46:21, 민26:40).

715. אַרְדּוֹן ['Ardôwn][1회] 아르돈
고명 남 714와 동형에서 유래; 배회하는, 도망하는: 한 이스라엘 사람의 이름 '아르돈', 대상2:18.
☞아르돈(대상2:18).

716. אַרְדִּי ['Ardîy][1회] 아르디
명 714에서 유래한 족속의 명칭: 아룻 사람(집합적인 의미), 아룻의 자손, 아룻 족속[민수기에서 인용됨].
☞아룻 족속(민26:40).

717. אָרָה ['ârâh][2회] 아라
원형 1) 뜯다, 잡아 뽑다, 꺾다, 잡아 찢다.
① [잎에 대한 경우] 아5:1.
② [포도나무에서 포도를 따는 경우], 시80:12.
2) 뜯어먹다[가축에 대해 사용].
3) 모으다, 수확하다.
☞따다(시80:12), 거두다(아5:1).

718. אֲרוּ ['ărûw][5회] 아루
아람어 감 431과 유래가 유사한 것으로 보임: 보라!, 본즉, 단7:6,7,13.
☞보라! 보다(단7:2,6,7,13).

719. אַרְוַד ['Arvad][3회] 아르바드
고명 7300에서 유래한 것으로 보임; 유랑자들을 위한 피난처: 페니키아 해변에서 멀지 않는 곳에 위치한 페니키아의 섬 도시 '아르왓', 겔27:8,11.
☞아르왓(창10:18).

720. אֲרוֹד ['Ărôwd][1회] 아로드
고명 남 719의 어미 변화형; 도망하는: 한 이스라엘 사람의 이름 '아롯', 민26:17.
☞아롯(민26:17).

721. אַרְוָדִי ['Arvâdîy][2회] 아르바디
명 719에서 유래한 족속의 명칭: 아르왓 사람, 아르왓 족속, 창10:18, 대상1:16.
☞아르왓 족속(대상1:16).

722. אֲרוֹדִי ['Ărôwdîy][2회] 아로디
명 721에서 유래한 족속의 명칭: 아롯인, 아롯 자손, 민26:17.
☞아롯 가족(민26:17).

723. אֻרְוָה ['urvâh][3회] 우르바
명 복수 אֻרָוֹת, 대하32:28, 복수 연계형 אֻרְוֹת, 왕상5:6, אֻרְיוֹת, 대하9:25, 717에서 유래['먹이다'라는 뜻으로부터]:
1) 여물통, 마굿간, 대하32:28.
2) 말들의 일정한 수효[열왕기상에서 인용됨].
☞외양간(왕상4:26, 대하9:25, 32:28).

724. אֲרוּכָה ['ărûkâh][6회] 아루카
명 여 748의 여성 수동태 분사형[건강을 '회복하다'는 뜻으로부터 유래됨]:

1) 긴 붕대[부상자를 치료하기 위하여 의사가 사용하는 것], 렘8:22, 느4:1(7), 대하24:13.
2) 치료, 건강, 사58:8.
☞**진척됨**(대하24:13), **중수됨**(느4:7), **(건강)**(렘30:17, 33:6), **치유**(사58:8), **치료**(렘8:22).

725. אֲרוּמָה ['Ărûwmâh][1회] 아루마
고명 7316의 어미 변화형; 높이: 네아폴리스 근방에 있는 한 마을, '아루마', 삿9:41.
☞**아루마**(삿9:41).

726. אֲרוֹמִי ['Ărôwmîy][1회] 아로미
명 130을 잘못 기록한 것[복수형 אֲרוֹמִים으로 쓰임]: 에돔인, 에돔 사람, 왕하16:6.
☞**아람 사람**(왕하16:6).

727. אָרוֹן ['ârôwn][201회] 아론
명 혼성[남성, 삼상6:8, 여성, 삼상4:17, 대하8:11]: 궤, 상자
① [돈 상자를 나타내는 경우] 왕하12:10(9), 11(10).
② [시체를 넣는 관을 나타내는 경우] 창50:26.
③ [그러나 대부분 율법이 기록된 두 돌판을 담고 있는 언약궤를 나타냄], 출25:22, 26:33, 신10:8, 31:9,25, 수3:6, 4:9, 삼상5:3,4, 6:8.
☞**궤**(출25:10, 민4:5, 신10:1), **언약궤**(삼하11:11).

728. אֲרַוְנָה ['Ăravnâh][9회] 아라브나
고명 철자법에 따른 771의 어미 변화형: 여부스 사람 '아라우나', 삼하24:20.
☞**아라우나**(삼하24:20).

729. אָרַז ['âraz][2회] 아라즈
동 사용되지 않는 어근, 730에서 유래한 명사 유래어로 수동태 분사형으로만 사용됨[אָרוּז]: 확고한, 겔27:24. [주] 그러나 모든 고대 번역자들은 '백향목의'로 읽었다.
☞**백향목의**(겔27:24).

730. אֶרֶז ['erez][73회] 에레즈
명 남 복수 אֲרָזִים, 729에서 유래: 백향목[침엽수처럼 그 뿌리가 단단히 박힌 데서 유래됨].
☞**백향목**(레14:4, 왕상4:33, 사2:13).

731. אַרְזָה ['arzâh][1회] 아르자
명 여 730의 여성형: 백향목 판자, 백향목으로 만든 제품, 습2:14.
☞**백향목**(습2:14).

732. אָרַח ['ârach][7회] 아라흐
원형 가다, 여행하다, 걷다[욥34:8에 한 번 나옴]. [주] 분사형 אֹרֵחַ의 뜻은 '여행자'이며, 삿19:17, 삼하12:4, 렘14:8. 그 복수는 '여행자 무리' 특히 '대상'들을 나타낸다, 렘9:1(2).
☞**나그네**(삿19:17, 렘9:2), **행인**(삼하12:4), **대상(隊商)**(사21:13). **[동] 다니다**(욥34:8).

733. אָרַח ['Ârach][3회] 아라흐
고명 남 732에서 유래; 배회, 유랑: 세 이스라엘 사람의 이름 '아라'.
1) 스2:5, 느7:10.
2) 대상7:39.
☞**아라**(스2:5, 느7:10, 대상7:39).

734. אֹרַח ['ôrach][59회] 오라흐
명 혼성(남-잠2:15, 여-잠15:19). 복수 אֳרָחוֹת, 복수 연계형 אָרְחוֹת, 복수 어미활용 אָרְחֹתַי. 732에서 유래: 길, 통로, 창49:17, 삿5:6, 시19:6(5).
① [은유적 표현] 행실, 시119:104, 시25:4, 119:15, 사2:3.
② 월경, 창18:11.
③ 사람의 운명, 욥8:13, 잠1:19.
④ 여행길[시어로 사용됨], 욥31:32.
☞**길**(창49:17, 욥19:8, 잠1:19), **대로**(삿5:6), **행인**(욥6:19, 31:32), **행위**(욥34:11, 시119:104), **행실**(시119:9), **길**(시119:15), **도(道)**(잠15:10), **바른 길**(사30:11), **줄**(욜2:7). **[동] 다니다**(사3:12).

735. אֹרַח ['ôrach][2회] 오라흐
아람어 명 혼 복수 אָרְחָן, 734와 어원이 같음: 길, 통로[734 참조], 단4:34(37), 5:23.
☞**길**(단5:23), **행하심**(단4:37).

736. אֹרְחָה ['ôrechâh][2회] 오레하
명 여 732의 여성 능동태 분사형: 대상, 여행하는 무리 [732 참조].
☞**무리, 대상(隊商)**(창37:25, 사21:13).

737. אֲרֻחָה ['ărûchâh][6회] 아루하
명 여 732의 여성 수동태 분사형: 음식의 정량, 음식물, 렘40:5, 52:34, 왕하25:30.
☞**양식**(렘40:5), **쓸 것, 정량**(定量), **양(量)**(렘52:34, 왕하25:30).

738. אֲרִי ['ărîy][35회] 아리
명 복수 אֲרָיִים [왕상10:20 외에서는 אֲרָיוֹת로 쓰임], 717의 '잡아 찢다'는 의미에서 유래: 사자 [먹이를 잡아 찢을 듯한 모습의 사자를 나타냄], 민24:9, 삼상17:34, 삼하23:20.
☞**사자(獅子)**(창49:9, 삼하17:10, 잠26:13).

739. אֲרִיאֵל ['ărîy'êl][9회] **아리엘**
명 남 738과 410에서 유래; 하나님의 사자: 용사, 삼하23:20. [주] 정복되지 않는 성으로서의 상징적인 의미를 지닌 예루살렘을 나타내기도 함, 사29:1,2.
☞**용사**(삼하23:20).

740. אֲרִיאֵל ['Ărî'êl][1회] **아리엘**
고명 738과 410에서 유래; 하나님의 사자: 한 이스라엘 사람의 이름, '아리엘', 스8:16.
☞**아리엘**(스8:16).

741. אֲרִאֵיל ['ărî'êyl][6회] **아리에일**
명 철자법에 따른 2025의 어미 변화형: 하나님의 제단, 성전의 제단[번제를 올리는 제단에 대해 사용], 겔43:15,16.
☞**번제단**(겔43:15,16).

742. אֲרִידַי ['Ărîyday][1회] **아리다이**
고명 페르시아어에서 유래: 하만의 아홉째 아들의 이름 '아리대', 에9:9.
☞**아리대**(에9:9).

743. אֲרִידָתָא ['Ărîydâthâ'][1회] **아리다타**
고명 페르시아어에서 유래; 강한: 하만의 여섯째 아들의 이름 '아리다다', 에9:8.
☞**아리다다**(에9:8).

744. אַרְיֵה ['aryêh][10회] **아르예**
아람어 명 복수 אַרְיָוָן, 단6:8(7), 738과 동일: 사자[738 참조].
☞**사자(獅子)**(단6:7,24, 7:4).

745. אַרְיֵה ['Aryêh][1회] **아르예**
명 738과 동일; 사자: 한 이스라엘 사람의 이름 '아리에', 왕하15:25.
☞**아리에**(왕하15:25).

746. אַרְיוֹךְ ['Ăryôwk][7회] **아르요크**
고명 외래어; 사자같은 사람: 두 바벨론 사람의 이름 '아리옥'.
1) 엘라살 땅의 왕의 이름, 창14:1,9.
2) 바벨론 왕의 시위대 장관 이름, 단2:14.
☞**아리옥**(창14:1,9, 단2:14).

747. אֲרִיסַי ['Ăriyçay][1회] **아리싸이**
고명 페르시아어에서 유래; 사자같은: 하만의 아들 '아리새', 에9:9.
☞**아리새**(에9:9).

748. אָרַךְ ['ârak][34회] **아라크**
원형 미완료형 יֶאֱרַךְ, 복수 어미활용 יַאַרְכוּ:
1) [타동사] 길게 하다, 확장하다, 뻗다, 연장하다.
2) [자동사] 길어지다, 겔31:5, 창26:8.
히필형. הֶאֱרִיךְ:
1) [타동사] 길게 하다, 늘이다, 연장하다, 신4:26,40, 5:33, 17:20, 22:7, 왕상3:14, 시129:3, 사53:10, 57:4.
2) [자동사] 길어지다, 왕상8:8. [주] 특히 시간에 대해 사용됨.
3) 지체하다, 연기하다, 늦추다, 사48:9, 잠19:11.
4) 지연시키다, 늦추다, 민9:19,22.
☞**더디다**(겔12:22), **길다**(신5:33, 25:15, 잠28:2), **장수하다**(신22:7, 전7:15, 8:12), **잇다**(시129:3), **생존하다**(삿2:7), **더디 하다**(잠19:11), **머물러 있다**(민9:22), **오래 살다**(신4:40), **참다**(욥6:11). **[부] 오래**(창26:8).

749. אֲרַךְ ['ărak][1회] **아라크**
아람어[히브리어와 동일] 형 분사형 אֲרִיךְ: 적합한, 알맞은, 스4:14.
☞**적당한, 알맞은, 합당한**(스4:14).

750. אָרֵךְ ['ârêk][17회] **아레크**
형 연계형 אֶרֶךְ로만 사용됨, 748에서 유래:
1) 긴, 겔17:3.
2) 느린, 더딘, 출34:6, 민14:18, 잠15:18, 16:32, 전7:8.
☞**참는**(전7:8), **더딘**(출34:6, 민14:18, 잠14:29), **긴**(겔17:3). **[부] 더디**(느9:17), **오래**(렘15:15).

751. אֶרֶךְ ['Erek][1회] **에레크**
고명 748에서 유래; 길이: 바빌로니아의 한 성 이름 '에렉', 창10:10.
☞**에렉**(창10:10).

752. אָרֹךְ ['ârôk][17회] **아로크**
형 여성형 אֲרֻכָּה, 748에서 유래: 긴
① [공간에 대해 사용됨], 욥11:9.
② [시간에 대해 사용됨], 삼하3:1.
☞**오랜**(삼하3:1, 렘29:28), **긴**(욥11:9).

753. אֹרֶךְ ['ôrek][96회] **오레크**
명 남 어미활용 אָרְכּוֹ, 748에서 유래: 길이, 창6:15, 출26:2, 시21:5(4), 91:16.
☞**길이**(창6:15, 삿3:16, 대하3:4, 출26:13, 대하3:11, 겔40:18), **높이**(대하3:15). **[동] 장수하다**(욥12:12, 시91:16), **길다**(겔31:7). **[부] 오래**(잠25:15), **영원히**(시23:6, 애5:20).

754. אַרְכָּה ['arkâh][2회] **아르카**
아람어 명 여 749에서 유래: 길이[시간의 지속을 나타냄], 단4:24(27), 7:12.
☞**장구함**(단4:27).

755. אַרְכֻבָה ['arkûbâh][1회] 아르쿠바
(아람어) 명 여 '무릎을 구부리다'는 의미를 가진 사용하지 않는 어원에서 유래[7392와 일치됨]: 무릎, 단5:6.
*אֲרֻכָה ['ărûkâh] 아루카
724 참조.
☞**무릎**(단5:6).

756. אַרְכְּוַי ['Arkevay][1회] 아르케바이
(아람어) 명 복수형 אַרְכְּוָיֵא, 751에서 유래한 족속의 명칭: 아렉 사람, 스4:9.
☞**아렉 사람**(스4:9).

757. אַרְכִּי ['Arkîy][6회] 아르키
명 751과 같은 이름을 가진 팔레스타인의 한 장소에서 유래한 족속의 명칭: 에렉 지방의 거주민(이들은 에브라임 지파의 접경지에 정착하고 있던 사람들임, 수16:2).
☞**에렉 사람**(수16:2).

758. אֲרָם ['Arâm][124회] 아람
고명 연계형 אֲרַם, 759와 동형에서 유래; 높이, 고원:
1) [지명으로 사용되는 경우] '아람' 혹은 아람 사람 및 시리아 혹은 시리아 사람.
① [남성 단수로 쓰일 경우], 삼하10:14, 15,18, 왕상20:26.
② [복수로 쓰일 경우], 삼하10:17,19, 왕상20:20.
③ [여성 단수로 쓰일 경우], 사7:2.
2) [인명으로 사용되는 경우]
① 나홀의 손자이자 그무엘의 아들 '아람', 창22:21[그의 이름으로 시리아 지방의 이름이 생겨난 것 같다].
② 한 이스라엘 사람의 이름 '아람', 대상7:34.
☞**아람**(삼하10:14, 왕상20:26).

759. אַרְמוֹן ['armôwn][32회] 아르몬
명 남 복 연계형 אַרְמְנוֹת, '높여지다'란 뜻의 사용하지 않는 어원에서 유래: 성채, 왕궁, 사25:2, 32:14, 잠18:19.
☞**요새**(왕상16:18, 렘6:5), **왕궁 호위소**(왕하15:25), **궁실**(대하36:19, 렘9:21), **궁중**(시48:3, 122:7), **궁전**(시48:13, 사32:14, 렘17:27), **성**(잠18:19), **망대**(사23:13), **궁성**(사25:2), **궁궐**(사34:13, 암1:4, 3:10), **왕궁**(호8:14), **궁**(미5:5).

760. אֲרַם צוֹבָה ['Ăram Tsôbâh][1회] 아람 초바
고명 758과 6678에서 유래; 소바의 아람: 아람 소바.
☞**아람 소바**(시60편 제목).

761. אֲרַמִּי ['Ărammîy][11회] 아람미
명 남 여성형 אֲרַמִּיָּה, 대상7:14, 복수 אֲרַמִּים, 왕하8:29, 758에서 유래한 족속의 명칭: 아람인.
① [메소포타미아의 서쪽 거주민을 나타낼 경우], 왕하5:20.
② [메소포타미아의 동쪽 거주민을 나타낼 경우], 창25:20, 28:5, 31:20,24.
☞**아람 사람**(왕하5:20, 창25:20, 28:5).

762. אֲרָמִית ['Ărâmîyth][4회] 아라미트
명 여 761의 여성형[부사로만 쓰임]: 로, 단2:4, 스4:7, 사36:11.
☞**아람 말**(단2:4), **아람 방언**(스4:7, 사36:11).

763. אֲרַם נַהֲרַיִם ['Ăram Nahărayim][5회] 아람 나하라임
명 758과 5104의 쌍수에서 유래: 두 강들[유프라테스강과 티그리스강] 사이의 구릉지, 메소포타미아, 창24:10, 삿3:8.
☞**메소보다미아**(창24:10, 삿3:8).

764. אַרְמֹנִי ['Armônîy][1회] 아르모니
고명 남 759에서 유래; 왕궁의, 성채의: 한 이스라엘 사람의 이름 '알모니', 삼하21:8.
☞**알모니**(삼하21:8).

765. אֲרָן ['Ărân][2회] 아란
고명 7442에서 유래; 사양: 한 에돔 사람의 이름 '아란', 창36:28, 대상1:42.
☞**아란**(창36:28, 대상1:42).

766. אֹרֶן ['ôren][1회] 오렌
명 남 '힘'이란 뜻을 가진 765와 동형의 어원에서 유래: 물푸레[고대에는 이 나무로 우상을 새겼다], 사44:14.
☞**나무**(사44:14).

767. אֹרֶן ['Ôren][1회] 오렌
고명 남 766과 동일: 한 이스라엘 사람의 이름 '오렌', 대상2:25.
☞**오렌**(대상2:25).

768. אַרְנֶבֶת ['arnebeth][2회] 아르네베트
명 여 어원이 확실치 않음: 산토끼, 레11:6, 신14:7.
☞**토끼**(레11:6, 신14:7).

769. אַרְנוֹן ['Arnôwn][25회] 아르논
고명 7442에서 유래; 요란한: 사해 동쪽으로 흐르는 강의 이름 '아르논' [이곳은 이전에 모압의 북쪽 국경지대인 동시에 아모리의 남쪽 국경지대에 놓여 있었다], 민21:13, 22:36,

א

신2:24,36, 4:48, 사16:2.

☞**아르논**(민21:13, 22:36, 신2:24, 4:48, 사16:2).

770. אַרְנָן ['Arnân][1회] **아르난**

[고명] [남] 769와 동형에서 유래; 영리한, 재치 있는: 한 이스라엘 사람의 이름 '아르난', 대상 3:21.

☞**아르난**(대상3:21).

771. אָרְנָן ['Ornân][12회] **오르난**

[고명] 766에서 유래한 것으로 보임; 강한: 한 여부스 사람의 이름 '오르난' [솔로몬이 그의 탈곡 마당에 성전을 지었음], 대상21:15, 대하3:1.

☞**오르난**(대상21:15, 대하3:1).

772. אֲרַע ['ăra'][21회] **아라**

[아람어] [명] 강조형 אַרְעָא, 776과 뜻이 일치함:
1) 땅, 단2:35,39(4:1).
2) 대지, 지반, 단2:39.
3) [부사로 쓰이는 경우] 아래의, 열등한.

☞**세계**(단2:35,39), **땅**(단4:11, 6:25, 7:23), **천하**(단4:1, 7:23), **세상**(단7:17). **[형] 못한**(단2:39).

773. אַרְעִית ['ar'îyth][1회] **아르이트**

[아람어] [명] [여] 772의 여성형: 가장 낮은 곳, 바닥, 단6:25(24).

☞**굴 바닥**(단6:24).

774. אַרְפָּד ['Arpâd][6회] **아르파드**

[고명] 7502에서 유래; 지주, 지원: 시리아의 한 마을의 이름 '아르밧' ['하맛'성에서 그리 멀지 않는 곳에 위치함], 왕하18:34, 19:13, 사10:9, 렘49:23.

☞**아르밧**(왕하18:34, 19:13, 사10:9, 렘49:23).

775. אַרְפַּכְשַׁד ['Arpakshad][9회] **아르파크샤드**

[고명] 외래어인 것같음: 셈의 셋째 아들의 이름, '아르박삿'[그 당시에 존재하던 한 민족이나 지방의 이름을 나타낼 수도 있다], 창10:22,24, 11:10–13.

☞**아르박삿**(창10:22, 11:10–13).

776. אֶרֶץ ['erets][2504회] **에레츠**

[명] [혼성] 어미활용 אַרְצִי, '확고하다'는 뜻의 사용하지 않는 어원에서 유래; 땅:
1) 땅
① [하늘에 반대되는 의미로 사용] 창1:1, 2:1,4.
② [모든 피조물을 나타내는 데 사용], 창9:19, 11:1, 19:31.
2) 뭍, 대륙[바다에 반대되는 의미로 사용], 창1:28.
3) 나라, 땅, 출3:8, 13:5, 창21:32, 룻1:7.
4) 소유지, 창23: 15, 출23:10.
5) 대지[정관사 ה가 붙음], 창33:3, 37:10. [주] 보통 시어로 사용됨, 욥12:8.
6) 흙의 구성물, 시12:7. [주] 복수 אֲרָצוֹת의 뜻은 '토지'[창26:3,4]로서 보통 정관사와 함께 쓰인다. 특히 후기 히브리어에서는 '이방인의 땅'이란 뜻으로 사용되었다, 대하13:9, 17:10.

☞**땅**(창1:2, 레26:20, 대상16:14), **들**(창2:5, 겔29:5), **세상**(창6:5, 출9:29, 신4:32), **지방**(창10:31, 레20:2, 수9:9), **지면**(출16:14, 욥28:5, 아2:12), **접경**(출16:35), **고향**(민10:30, 렘50: 16), **세계**(출19:5, 민14:21, 신28:1), **나라**(창42:6, 출23:26, 왕상10:6), **천지**(출31:17, 시69:34, 사37:16), **육지**(레11:2), **이방**(창15: 13, 스9:11), **천하**(창18:18, 왕상4:34, 사25:8), **본토**(왕하18:32, 단11:28), **토지**(창41:47, 레23: 39, 삿6:4), **사방**(창47:13, 민34:2), **전국**(레19:29), **소유지**(수22:4,19), **밭**(삿9:37, 시141:7), **백성**(삿18:30), **본국**(왕상10:13, 왕하19:7), **고국**(왕상11:21, 왕하3:27), **본향**(왕상22:36), **위치**(왕하2:19), **성읍**(대하6:28), **토산**(대하7:13), **열국**(사34:1), **열방**(느9:30, 겔1:21), **고토**(욥30:8, 사37:7), **흙**(시12:6, 렘17:13), **진토**(시22:29), **여러 나라**(시106:27), **지상**(사18:3), **길바닥**(애2:21), **뭍**(겔32:4), **각국**(겔36:19), **평원**(겔38:11).

777. אַרְצָא ['artsâ'] **아르차**

[고명] 776에서 유래; 땅: 한 이스라엘 사람의 이름 '아르사', 왕상16:9.

☞**아르사**(왕상16:9).

778. אֲרַק ['ăraq][1회] **아라크**

[아람어] [명] 강조형 אַרְקָא, 772의 어미변화형: 땅, 렘10:11.

☞**천지**(렘10:11).

779. אָרַר ['ârar][63회] **아라르**

[원형] 미완료형 יָאֹר, 명령형 אוֹרוּ, 삿 5:23, [목적격이 수반됨]: 저주하다, 민22:6, 23:7.
니팔형: 수동태 분사형 נֵאָרִים, 말3:9.
피엘형: אֵרַר, 분사형 מְאָרֵר:
1) 저주하다, 창5:29.
2) 저주를 낳다, 민5:22.
호팔형: 미완료형 יוּאַר: 저주받다, 민 22:6.

☞**저주하다**(말2:2, 창12:3, 민24:9), **저주받다**(창3:14, 시119:21, 말3:9). **[명] 저주**(말2:2, 렘